DAS SÜDAFRIKA BUCH

DAS SÜDAFRIKA BUCH

DAS SÜDAFRIKA BUCH

DAS SÜDAFRIKA BUCH

DAS SÜDAFRIKA BUCH

DAS SÜDAFRIKA BUCH

DAS SÜDAFRIKA BUCH

… DAS SÜDAFRIKA BUCH

DAS SÜDAFRIKA BUCH

ZU DIESEM BUCH

»Ich glaube fest daran, dass Südafrika der schönste Ort auf Erden ist. Natürlich bin ich voreingenommen. Aber wenn man die Naturschönheiten von Südafrika mit der Gastfreundschaft und Kulturvielfalt unserer Einwohner verbindet und zudem in Betracht zieht, dass das Land ein Paradies für unsere Tierwelt ist, dann bin ich überzeugt, dass sogar der gewissenhafteste Kritiker mir übereinstimmen würde ...« (Nelson Mandela)

»Regenbogennation« – so lautet Südafrikas Beiname. Angesichts der Vielfalt faszinierender Ethnien, Kulturen, Mentalitäten und Möglichkeiten, die ebenso wie die Landesnatur für die grandiose Ausstrahlung Südafrikas sorgen, scheint dies nur zu berechtigt zu sein. Zwischen Südatlantik und Indischem Ozean blickt man auf eine wechselvolle Geschichte zurück. In den späten Jahren des Apartheidregimes immer mehr isoliert, kehrte

ZU DIESEM BUCH

Südafrika nach seiner großen Wende in die Staatengemeinschaft zurück. Die Wunden der Apartheid sind noch nicht gänzlich verheilt, die sozialen und wirtschaftlichen Unterschiede noch nicht aufgehoben, aber Südafrika ist auf einem guten Weg. Die Kulturen der Regenbogennation prägen Südafrika, und mindestens ebenso faszinierend sind die Vielfalt der Landschaften und die Fülle der Naturwunder. Besucher sind besonders vom Wildreichtum Südafrikas beeindruckt. Antilopen, Nashörner, Elefanten, Leoparden, Löwen und viele andere Tiere bevölkern Savannen, Wüsten und Urwaldgebiete der großen Nationalparks wie des Kruger National Park und die vielen kleinen, privaten wie staatlichen Schutzgebiete. In den Gewässern entlang der 3000 Kilometer langen Küstenlinie tummeln sich Wale, Robben, Pinguine und der gefürchtete Weiße Hai.

Neugierig blicken die Zulu-Kinder durch einen Viehzaun in einer kleinen Gemeinde im KwaZulu-Natal. Die Provinz im Osten Südafrikas ist das traditionelle Siedlungsgebiet des Volksstamms, in den Zeiten der Apartheid war das hier etablierte »Homeland« der einzige Ort, an dem Zulu Grund besitzen durften.

INHALT

Oben: Die Bergkette der Zwölf Apostel bildet eine eindrucksvolle Kulisse für Camps Bay, einen Vorort von Kapstadt.

Bilder auf den vorherigen Seiten:
S. 1: Er gehört neben Elefant, Nashorn, Büffel und Löwe zu den sogenannten »Big Five«: der Leopard.
S. 2/3: Auch wenn sie bis zu 4,50 Meter groß werden, zählen Giraffen nicht zu den klassischen »Big Five« der afrikanischen Tierwelt.
S. 4/5: Im Addo Elephant Park kommt man den Dickhäutern ganz nah und kann sie auch beim Schlammbad bewundern.
S. 6/7: Der Blick geht auf die beleuchtete Victoria & Alfred Waterfront in Kapstadt mit dem Tafelberg in der Abenddämmerung.
S. 8/9: Ein Springbock spielt im grenzübergreifenden Kgalagadi Transfrontier Park geduldig Fotomodell.

KAPSTADT UND DIE KAPHALBINSEL 16

Kapstadt: Downtown	18
Kapstadt: Castle of Good Hope	24
Kapstadt: South African Museum	24
Kapstadt: Long Street	26
Kapstadt: Bo-Kaap	28
Kapstadt: Victoria & Alfred Waterfront	30
Kapstadt: Victoria Wharf Mall	34
Kapstadt: Two Oceans Aquarium	34
Kapstadt: Tafelberg	36
Naturparadies Tafelberg	38
Clifton	40
Twelve Apostles und Camps Bay	42
Strandleben rund um Kapstadt	46
Hout Bay	50
Chapman's Peak Drive	54
Kommetjie	56
Kap der Guten Hoffnung	58
Cape of Good Hope Nature Reserve	60
Boulders Beach	60
Blouberg Beach	64
Robben Island	68
Nelson Mandela: Free at Last!	70
Stellenbosch	72
Cape Winelands	74
Franschhoek und Paarl	80
Stellenbosch Wine Routes	82
Edle Tropfen engagierter Winzer	82
Swartland	85
West Coast	85
West Coast National Park	86
Lamberts Bay	88
Cederberg Mountains	90
Felsbilder der San in den Zederbergen	94
Bakkrans Nature Reserve	96
Betty's Bay	98
Kogelberg Biosphere Reserve	98
Hermanus	102

INHALT

Whale Watching	104	**OSTKAP**	**144**	**NORDKAP**	**184**
Cape Agulhas	106				
De Hoop Nature Reserve	108	Garden Route National Park		Orange River	186
Bontebok National Park	110	(Tsitsikamma National Park)	146	|Ai-|Ais Richtersveld Transfrontier Park	188
Mossel Bay	112	Port Elizabeth	150	*Nama: das Brudervolk der San*	192
Outeniqua Choo-Tjoe	112	Algoa Bay	152	Namaqualand	194
Garden Route	114	Addo Elephant National Park	154	Namaqua National Park	200
Knysna	120	*Die »Big Five«: Afrikanische Büffel*	162	Goegap Nature Reserve	204
Knsyna Forest	122	Shamwari Game Reserve	164	Augrabies Falls National Park	206
Plettenberg Bay	124	East London	169	Kgalagadi Transfrontier Park	210
Auf der Straußenfarm	126	Nahoon Beach	169	*Kalahari – die rote Wüste*	*218*
Little Karoo	128	Transkei	170	Kimberley	222
Swellendam	133	*Xhosa*	172	*Diamanten: vom Boom zum*	
Cango Caves	133	Wild Coast	176	*»Kimberley-Prozess«*	224
Swartberg Nature Reserve	134	*Gefährdet und gefährlich: der Weiße Hai*	180		
Great Karoo	136	Dwesa-Cwebe Marine Protected Area	182		
Karoo National Park	138				
Cambedoo National Park,					
Valley of Desolation	140				
Mountain Zebra National Park	142				

INHALT

Oben: Atemberaubend schön ist der Blick ins Mooiberg Valley im privaten Bakkrans Nature Reserve, das in den Cederberg Mountains in der Provinz Westkap liegt.

GAUTENG/NORDWEST/FREISTAAT	226
Pretoria	228
Pretoria: Voortrekker Monument	230
Pretoria: Ditsong National Museum of Natural History	232
Johannesburg	234
Johannesburg: Museen	240
Soweto	242
Townships	246
Musikalisches Südafrika: »Township Jive«	248
Madikwe Game Reserve	250
Sun City	252
Pilanesberg National Park & Game Reserve	254
Hartbeespoort Dam Reservoir	254
Bloemfontein	256
Eastern Free State	258
Golden Gate Highlands National Park	260
Die Basotho	264

LIMPOPO/MPUMALANGA	266
Ndebele	268
Magoebaskloof	270
Marakele National Park	274
Mapungubwe National Park	276
Makalali Game Reserve	278
Die »Big Five«: Nashörner	282
Kapama Game Reserve	284
Kruger National Park	286
Die »Big Five«: Löwen	288
Kruger National Park: Lanner Gorge	290
Kruger National Park: Letaba River	292
Die »Big Five«: Leoparden	294
Die »Big Five«: Elefanten	296
Kruger National Park: Lepelle River und Olifants Rest Camp	298
Kruger National Park: Südlicher Teil	304
Timbavati Game Reserve	306
Ulusaba Game Reserve	308

INHALT

Lodges: Luxus in der Wildnis	310	uKhahlamba-Drakensberg Park	344	**SWASILAND UND LESOTHO**	**382**
Sabie River	312	uKhahlamba-Drakensberg Park:			
Sabi Sabi Game Reserve	314	Giant's Castle Game Reserve	346	Swasiland	384
Sabi Sands Game Reserve	316	uKhahlamba-Drakensberg Park:		Malolotja Nature Reserve	386
Die grandiose Vogelwelt Südafrikas	318	Cathedral Peak	348	Mlilwane Wildlife Sanctuary	386
Blyde River Canyon Nature Reserve	322	*San: Jäger und Sammler am Rand*		Hlane Royal National Park	388
Blyde River Canyon Nature Reserve:		*der Gesellschaft*	350	Lesotho	392
God's Window		*Felsmalereien der San in den*		Sani Pass	394
Blyde River Canyon Nature Reserve:		*Drakensbergen*	352	Maletsunyane Gorge	396
Bourke's Luck Potholes		Royal Natal National Park	354		
Berlin Falls	332	Rugged Glen Nature Reserve	360	**REGISTER**	**398**
		Zulu	362	**BILDNACHWEIS/IMPRESSUM**	**400**
		Shakaland	364		
KWAZULU-NATAL	**334**	Ithala Game Reserve	366		
		Hluhluwe-iMfolozi Park	368		
Durban	336	Phinda Game Reserve	372		
Durban: Beachfront	338	iSimangaliso Wetland Park	374		
Buren: der Mythos vom Großen Treck	340	Pongola Nature Reserve	378		
Pietermaritzburg	341	Tembe Elephant Park	378		
Drakensberge	342	Ndumo Game Reserve	380		

KAPSTADT UND DIE KAPHALBINSEL

Das Westkap erstreckt sich nur über eine kleine Fläche des Riesenlandes Südafrika, besitzt dabei aber eine Fülle von Attraktionen: Das lebhafte, multikulturelle Kapstadt, die windumtoste Kap-Halbinsel mit Tafelberg und Kap der Guten Hoffnung, die nostalgischen Güter des Weinlands, die Weite und Kargheit der Großen Karoo und die bezaubernden Städtchen entlang der Garden Route sind nur einige der vielen Natur- und Kulturschönheiten. Die Flora dieser Region wurde sogar wegen ihres Artenreichtums als »Cape Floral Kingdom« von der UNESCO zum Weltnaturerbe erklärt.

Rund 30 Millionen Menschen pro Jahr genießen den zauberhaften Anblick der V&A Waterfront in Kapstadt. Der Hafen lädt dazu ein, einen Einkaufsbummel zu unternehmen, den man abends in einem der vielen Restaurants bei angenehmer Livemusik ausklingen lassen kann.

KAPSTADT UND DIE KAPHALBINSEL

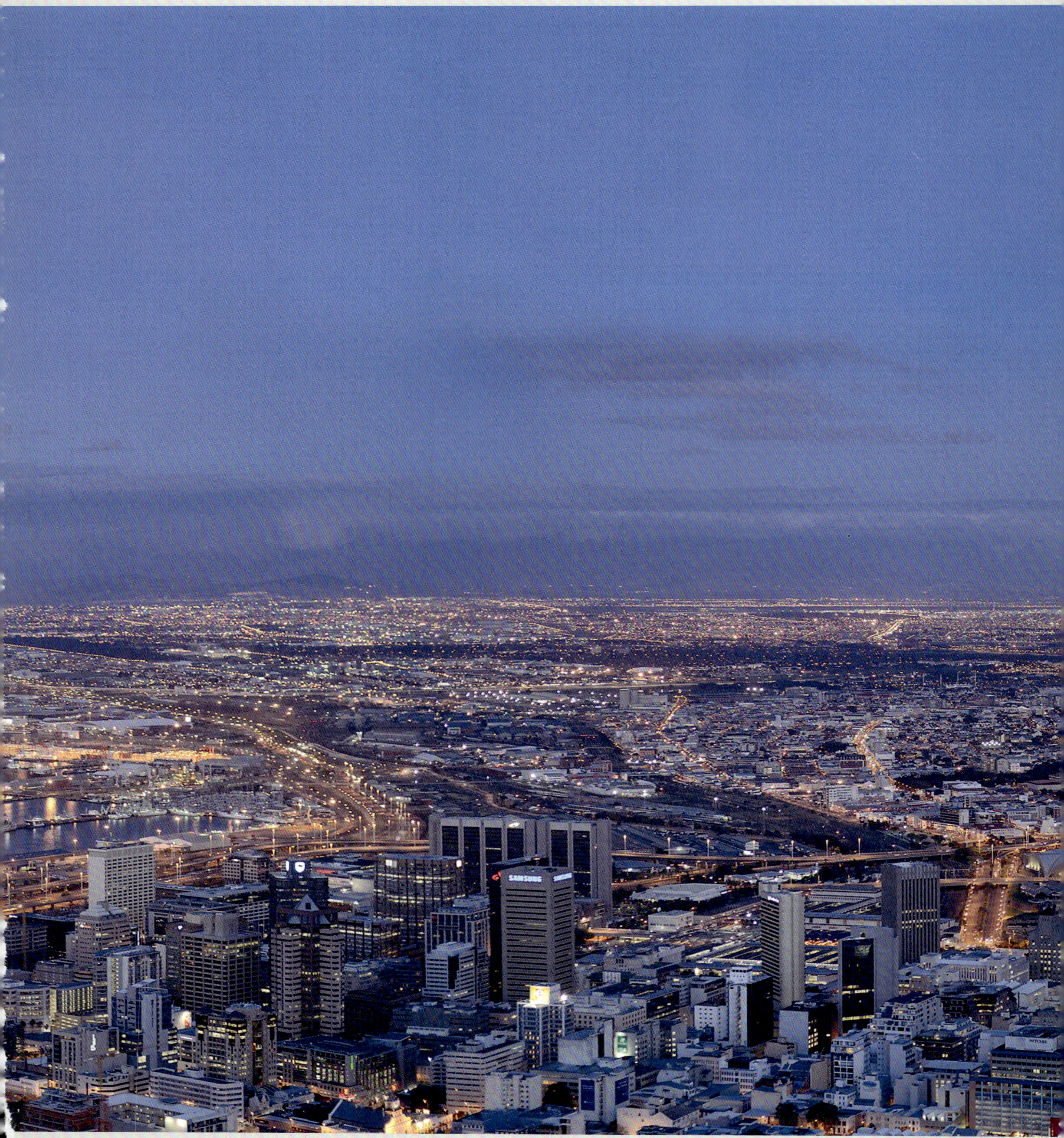
SAMSUNG

KAPSTADT: DOWNTOWN

KAPSTADT: DOWNTOWN

Dank der einzigartigen Lage am Fuß des Tafelbergs gilt Kapstadt als eine der reizvollsten Metropolen der Welt. Diese Attraktivität lockt nicht nur immer mehr Touristen an die Südspitze Afrikas, sie spiegelt sich auch im rasanten Wachstum des Foreshore genannten Finanzdistrikts zwischen Hafen und Tafelberg, in dem sich namhafte Unternehmen, Bankinstitute und Kanzleien niederlassen. Viele Kapstädter fürchten, dass die bislang so lässige und lebensfrohe Stadt durch diese Entwicklung leiden könnte. Doch noch bildet die glitzernde Skyline von Foreshore nur eine kleine Insel im Meer der niedrigen, teils noch aus der Kolonialzeit stammenden Häuser, die Kapstadt sein charakteristisches Gesicht verleihen. In Vierteln wie Bo-Kaap oder den Straßen rund um die Long Street ist das lebensfrohe, multikulturelle Kapstadt noch überaus lebendig.

KAPSTADT: DOWNTOWN

Abends strahlt die Stadt ein warmes Licht aus. Am Horizont kann man die Tafelbucht erahnen, die für Schiffe bei Sturm schon oft Schutz bot (links). Wenn man die Hochhäuser und den modernen Hafen betrachtet, ist es schwer vorstellbar, dass hier erst im 17. Jahrhundert holländische Siedler eine Versorgungsstation errichteten und damit die Grundlage für Kapstadt legten.

KAPSTADT: DOWNTOWN

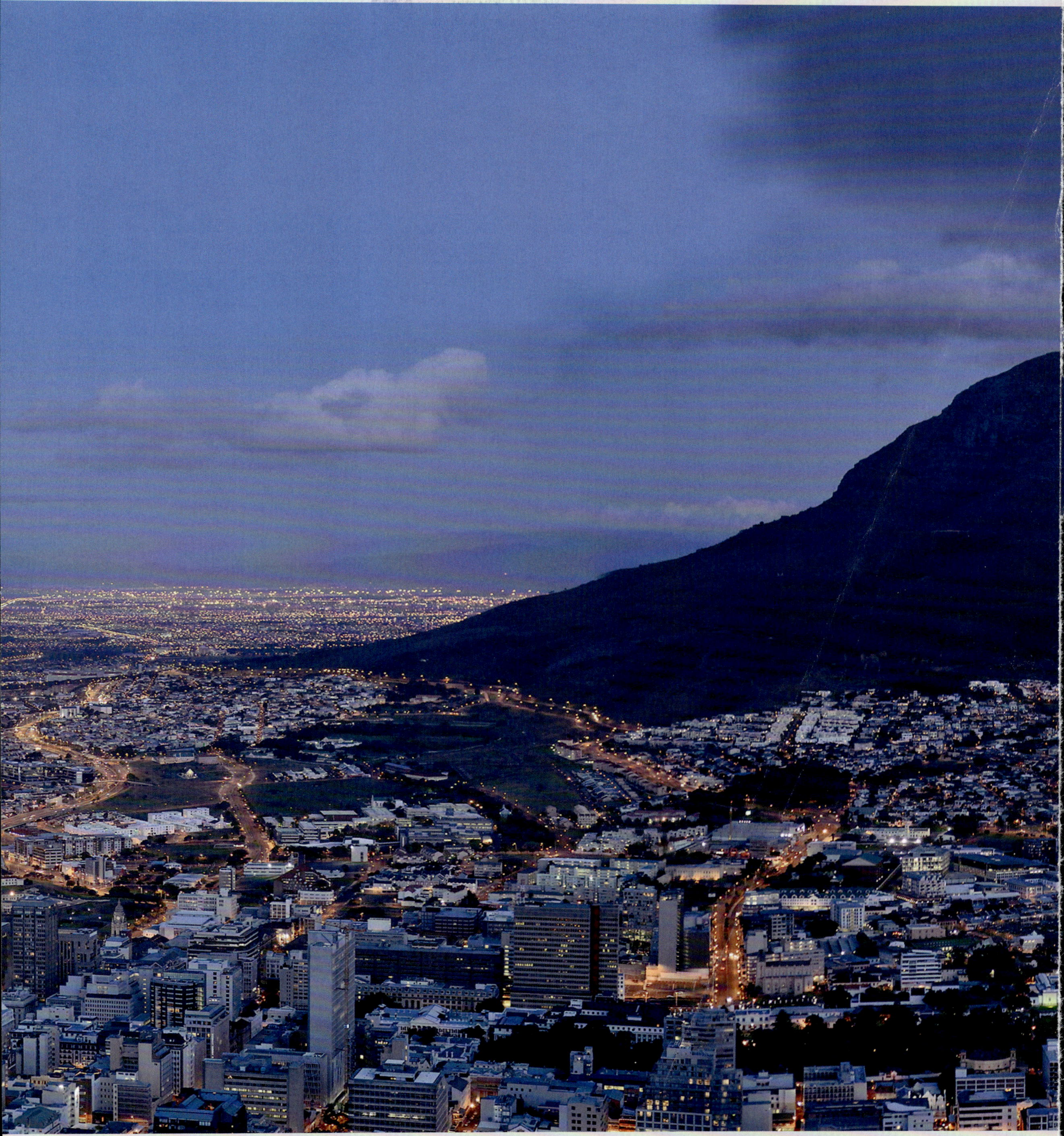

KAPSTADT: CASTLE OF GOOD HOPE

Als Jan van Riebeeck 1652 mit 72 Männern und acht Frauen am Kap landete, galt die erste Sorge der Kolonisten einer sicheren Unterkunft. Eine erste aus Holz errichtete Bastion wurde in den Jahren 1666 bis 1679 durch einen massiven Steinbau ersetzt, für den man sogar Holzbalken aus Skandinavien heranschaffte. Das Castle of Good Hope gilt als Südafrikas ältestes Steingebäude. Die Festung hat die Form eines Fünfecks und ist durch mächtige Mauern und Wassergräben geschützt. Bis heute blieb ihre militärische Funktion erhalten: Hier residiert das oberste Kommando der Kapprovinz. In einem Teil der Räumlichkeiten zeigt die William Fehr Collection of Africana in Form von Antiquitäten, Porzellan und Gemälden, wie wohlhabende Kolonisten damals lebten. Besonders schön anzusehen ist der Balkon mit seiner Freitreppe, dessen Baldachin von kannelierten Holzsäulen getragen wird.

Unter der Woche finden jeden Tag zur Mittagszeit am Castle of Good Hope die immer gut besuchten Wachablösungen statt, bei denen die Soldaten historisch nachempfundene Uniformen tragen.

KAPSTADT: SOUTH AFRICAN MUSEUM

Das 1825 gegründete South African Museum in einem historischen Bau an den Company's Gardens lädt zu einer spannenden Reise in die Geschichte Südafrikas ein. Angefangen bei über 700 Millionen Jahre alten Fossilien von Insekten und Fischen über erste menschliche Zeugnisse aus einer Zeit vor 120 000 Jahren, schlägt das Museum einen Bogen bis zur heutigen Kultur der San, die als Nachkommen der Ureinwohner Südafrikas gelten. Interessant sind vor allem die umfangreiche Sammlung archäologischer Funde und die Präsentation von Natur und Tierwelt, so der unterseeischen Flora und Fauna am Beispiel eines Kelpwaldes. Diese mächtigen Algenwälder bilden die typische Unterwasservegetation an der Küste der Cape Peninsula. Sonderausstellungen wandern auf Spuren der afrikanischen Dinosaurier oder folgen den Routen der Wale um die Südspitze Afrikas.

Es gibt heute noch etwa 100 000 San im südlichen Afrika, die größtenteils aus Kapstadt vertrieben wurden. Doch ihre ursprüngliche Kultur und Tradition kann man im South African Museum nachempfinden.

KAPSTADT: CASTLE OF GOOD HOPE

KAPSTADT: SOUTH AFRICAN MUSEUM

KAPSTADT UND DIE KAPHALBINSEL 25

KAPSTADT: LONG STREET

Kapstadts quirlige, multikulturelle Arterie durchquert das Stadtzentrum und endet heute kurz vor dem Hafenbereich – früher führte die Long Street bis ans Wasser. Gesäumt von teils wunderbar restaurierten, viktorianischen Häusern mit schmiedeeisernen Balkonen gilt sie als Aushängeschild der Kapmetropole. Hier residieren Edelboutiquen neben Läden mit Heilkräutern und magischen Pülverchen, Schnellimbisse neben Gourmetrestaurants, schicke Hotels neben billigen Absteigen. An der im 17. Jahrhundert angelegten Straße eröffnete 1809 das erste Einzelhandelsgeschäft. Bereits in der Apartheidära stand die Long Street für Toleranz und Zusammenleben der unterschiedlichsten Volksgruppen. Keine Frage, dass auch Cape Towns berühmtester Festumzug, die »Cape Minstrels Second New Years Street Parade«, einige Tage nach Neujahr ihren Weg durch die Long Street nimmt.

KAPSTADT: LONG STREET

Wie schön ein bunter Mix aus allen Kulturen sein kann, erlebt man in Kapstadt auf der Long Street. Nicht nur fröhliche Spektakel findet man hier, sondern ebenso Trödelmärkte, Antiquitätenläden, aber auch stilvolle Pubs und kreative Restaurants wie das »Mr. Pickwicks«, von dem behauptet wird, die besten Milchshakes der Welt zu haben. Fakt ist: Auf der 3,2 Kilometer langen Straße ist immer etwas los.

KAPSTADT: BO-KAAP

Bo-Kaap ist eines der malerischsten Stadtviertel von Kapstadt. Steile, schmale Gassen werden von niedrigen, in Pastelltönen gestrichenen Häusern gesäumt; hier und da erblickt man das Minarett einer Moschee. In Bo-Kaap leben die Nachfahren von Sklaven, die im 17. und 18. Jahrhundert aus Indonesien, Sri Lanka, Indien und Malaysia verschleppt wurden. Die meisten sind muslimischen Glaubens und bewahrten Sprache wie Kultur ihrer Heimatländer. Als Instrument der Verständigung über Volks- und Sprachgrenzen hinweg entwickelte sich hier das Afrikaans, die Verkehrssprache des südlichen Afrika. Der alljährlich am 2. Januar gefeierte Coon Carnival erinnert an den einzigen arbeitsfreien Tag des Jahres, der den Sklaven damals zugestanden wurde. In knallbunten Anzügen mit Frack und Zylinder paradieren die Bo-Kaaper dann durch Kapstadts Innenstadt.

KAPSTADT: BO-KAAP

Wer behauptet, Kapstadt sei grau und eintönig, war noch nicht in Bo-Kaap. Typisch für das am Fuß des Signal Hill zwischen Rose, Wale, Chiappini und Shortmarket Street gelegene Stadtviertel sind seine bunten Häuser und die abschüssigen Straßen. Ob die Bewohner bei dem Anstreichen ihrer leuchtenden Häuser den Spruch »Ich male mir die Welt, wie sie mir gefällt« im Kopf hatten?

KAPSTADT UND DIE KAPHALBINSEL

KAPSTADT: VICTORIA & ALFRED WATERFRONT

Wo heute an der Waterfront Touristen und Einheimische ein Vergnügungsviertel mit Cafés, Restaurants und vielen weiteren Attraktionen genießen, lag früher Kapstadts Hafen. Zwischen den Jahren 1860 und 1920 wurde der Hafen mit zwei nach Königin Victoria und ihrem Sohn Prinz Alfred benannten Hafenbecken ausgebaut. Als diese um die Mitte des 20. Jahrhunderts für den modernen Containerschiffsverkehr zu klein geworden waren, verlegte man den Industriehafen. Lange Zeit verrotteten Anlagen und Gebäude, bis Anfang der 1990er-Jahre das Projekt »Waterfront« geboren wurde. Heute bildet die mittlerweile restaurierte Industriearchitektur des ausgehenden 19. Jahrhunderts einen stimmungsvollen Rahmen für Konzerte und Veranstaltungen. Dass es nach wie vor einen Hafenbetrieb mit Jachten und Ausflugsbooten gibt, verleiht der Waterfront Authentizität.

KAPSTADT: VICTORIA & ALFRED WATERFRONT

Der Tag neigt sich dem Ende zu, doch wer denkt, dass Kapstadt dann menschenleer ist, hat sich geirrt: Wenn das Wasser im Hafen sanft glitzert, lohnt es sich, an der V&A Waterfront noch ein wenig entlangzuspazieren, um das Riesenrad (links) oder den roten Clock Tower (unten) zu bewundern oder einfach nur die romantische Atmosphäre zu Füßen des Tafelbergs zu genießen.

KAPSTADT UND DIE KAPHALBINSEL

KAPSTADT: VICTORIA & ALFRED WATERFRONT

KAPSTADT: VICTORIA & ALFRED WATERFRONT

Majestätisch beherrscht der Tafelberg die abendliche Waterfront. Die Einkaufspassagen versprechen ungetrübtes Shoppingvergnügen.

KAPSTADT: VICTORIA WHARF MALL

»Shop 'til you drop« – Einkaufen bis zum Umfallen – scheint das Motto an Kapstadts Waterfront zu sein. Eine der schönsten und größten Möglichkeiten hierzu bietet die Shopping-Mall Victoria Wharf, direkt gegenüber vom Clock Tower. Von Adidas bis Zara sind hier alle bekannten Modemarken vertreten, dazu noch Buchhandlungen, Elektronikmärkte und vor allem viele Juweliere. Foodcourts und kleine Restaurants sorgen für das leibliche Wohl der gestressten Powershopper. In Workshops können Besucher die Tradition des afrikanischen Kunsthandwerks erlernen. Anfang der 1990er-Jahre vollendet, überzeugt das Center aber nicht nur durch seine Läden, sondern auch durch seine Architektur, die von einem südafrikanischen Architekturbüro entworfen wurde. Elegant gelang hier eine Mischung aus viktorianischem Stil und buntafrikanischer Lebensfreude.

Abends bieten die auf den Außenterrassen der Shopping-Mall platzierten Restaurants einen herrlichen Blick auf die V & A Waterfront (rechts). Im Inneren herrscht ein elegantes Flair, das durch die filigrane Deckenkonstruktion noch unterstrichen wird (rechte Seite).

KAPSTADT: TWO OCEANS AQUARIUM

Die Unterwasserwelt beider Ozeane, des Indischen wie des Atlantischen, präsentiert das Aquarium an der Waterfront in seinen Wassertanks. Spektakuläres Herzstück der Anlage ist der zwei Millionen Liter Wasser fassende und über mehrere Stockwerke reichende Open Ocean Tank, in dem Haie und Rochen ihre Bahnen ziehen. Als bewegter Unterwasser-Urwald entpuppt sich der Kelpwald, der die küstennahen Gewässer prägt und einer erstaunlichen Artenvielfalt Nahrung und Schutz bietet. Didaktisch hervorragend aufbereitet ist das Diorama, in dem Besucher den Weg eines Flusses von der Quelle bis zur Mündung ins Meer verfolgen können. Einen putzigen Anblick bieten die Felsenpinguine am künstlichen Sandstrand, an dem Ebbe und Flut simuliert werden. Nicht nur Touristen besuchen das Two Oceans, auch zahlreiche Schulklassen lernen in ihm die maritime Umwelt kennen.

Aug' in Aug' mit dem gefährlichen Tier: Direkt an der Victoria & Alfred Waterfront gelegen, lohnt sich ein Besuch des Two Oceans Aquarium. Denn einen Hai trifft man nicht jeden Tag so hautnah – und so ungefährdet. Zwei große Sandtigerhaie sind die Könige der Raubfischabteilung.

KAPSTADT: VICTORIA WHARF MALL

KAPSTADT: TWO OCEANS AQUARIUM

KAPSTADT: TAFELBERG

Das einheimische Nomadenvolk der Khoikhoi nannte ihn »hoeri kwaggo«, was »Seeberg« bedeutet; seinen heute gebräuchlichen Namen verdankt der Tafelberg seinem europäischen Erstbesteiger: dem Portugiesen António de Saldanha, der ihn 1503 »Taboa do Cabo« (»Tafel des Kaps«) taufte. Zu Fuß muss das imposante Massiv mittlerweile niemand mehr erklimmen: Eine bequeme Gondelbahn bringt Besucher hinauf. Eine Reihe weiterer markanter Gipfel rahmt den Berg und die Stadt ein, darunter Lion's Head und Signal Hill im Nordwesten sowie die Zwölf Apostel im Südwesten. Das Panorama mit der Millionenmetropole, der tiefblauen False Bay und den weit ins Meer hinauswachsenden Felszacken der Kaphalbinsel ist atemberaubend. Für Ablenkung sorgen die zutraulichen, Murmeltieren ähnelnden Klippschliefer, die auf dem Tafelberg um Futter betteln.

KAPSTADT: TAFELBERG

Er ist das bekannteste Wahrzeichen Südafrikas. Und das völlig zu Recht: Denn egal ob in den frühen Morgenstunden (unten) oder zum Sonnenuntergang (links) – der 1087 Meter hohe Tafelberg ist zu jeder Tageszeit schön anzusehen. Sein markantes Plateau versinkt unter dem bekannten »Tischtuch«, einer dicken Wolkendecke, wenn der »Kapdoktor« genannte Südostwind weht.

KAPSTADT UND DIE KAPHALBINSEL

NATURPARADIES TAFELBERG

Typische Vertreter der südafrikanischen Flora gedeihen auf dem 528 Hektar großen Areal der National Botanic Gardens am Osthang des Tafelbergs. Davon sind nur 36 Hektar kultiviert, das übrige Gelände ist einer wild wachsenden Fynbos-Vegetation überlassen. Wegen des feuchten Klimas am Kap werden Pflanzen aus warmen Trockengebieten in Gewächshäusern gezogen. Zu den Attraktionen zählt der Steingarten mit 15 verschiedenen Proteenarten, die zwischen Mai und Oktober blühen. Ein Dufterlebnis erwartet den Besucher im Kräutergarten. Historische Bedeutung hat die 1660 von Jan van Riebeeck gepflanzte Hecke aus wilden Mandelbäumen. Auch die von Cecil Rhodes im Jahr 1898 angelegte Allee aus Kampferbäumen wird aus historischen Gründen erhalten; beide Baumarten gehören nicht zur autochthonen südafrikanischen Flora, auf die der botanische Garten sonst ausschließlich spezialisiert ist. Unter einer mächtigen marokkanischen Atlaszeder befindet sich das Grab des ersten Direktors von Kirstenbosch, Harold Pearson. Besucher genießen in Kirstenbosch aber nicht nur die bunte Pflanzenvielfalt: In den Sommermonaten unterhalten abendliche Konzerte zum Sonnenuntergang, gelegentlich werden hier Kunsthandwerksmärkte veranstaltet. Ein Restaurant und ein Teehaus sorgen für das leibliche Wohl.

NATURPARADIES TAFELBERG

Alleine die Lage des Botanischen Gartens am Fuß des Tafelbergs sorgt für spektakuläre Perspektiven. Hier gibt es neben Overberg-Nadelkissen und Silberbäumen (linke Bildleiste) auch die Orchideenart *Disa uniflora* und das Oudtshoorn-Nadelkissen (rechte Bildleiste) zu bestaunen. Die Blüte der Königsproteen sowie der pinkfarbenen Watsonia (großes Bild und links) sind zudem Höhepunkte im Jahreslauf.

CLIFTON

Das südlich an Kapstadt anschließende Clifton wurde als Siedlung für Soldaten gegründet, die aus dem Ersten Weltkrieg zurückkehrten. Heute gilt der Ort an der von vier Traumstränden gesäumten Bucht als eines der teuersten Pflaster Südafrikas. Die Grundrisse der winzigen Häuschen aus früherer Zeit bestimmen bis heute den Zuschnitt der Neubauten. Viele Villen stehen malerisch auf Klippen über der Clifton Bay, denn der über dem Ort aufragende Lion's Head steigt relativ steil aus dem Meer und lässt entlang der Strandlinie nur wenig Raum für Bebauung. Obwohl das Wasser des Atlantiks selten Temperaturen von mehr als 18 °C erreicht, kommen im Sommer zahlreiche Kapstädter nach Clifton, um zu baden oder Wassersport zu treiben. Dies allerdings streng nach Interessensgruppen geordnet, denn jeder Strand wird von einer bestimmten Gesellschaftsschicht bevorzugt.

CLIFTON

Das Wasser der Clifton Bay ist eiskalt. Doch trotzdem sind die Strände stets gut besucht. Wen stört es schon, dass eine Wassertemperatur von 18 °C der Durchschnitt ist, wenn man dafür im weichen Sand liegen kann, um sich zu sonnen und dabei auf das schöne Türkisblau des Wassers zu sehen? Mit Fug und Recht zählen die hier gelegenen Villen mit einem so fantastischen Ausblick zu den teuersten in Südafrika.

TWELVE APOSTLES UND CAMPS BAY

Nach Südwesten zu, dem Verlauf der Panoramastraße um die Kaphalbinsel folgend, schließt die Bergkette der Zwölf Apostel an den Tafelberg an. Ihre zackenförmig erodierten Gipfel ragen wie rostrote Sägezähne über dem Kapstädter Vorort Camps Bay empor. Seinen Namen verdankt dieser Bergzug dem britischen Gouverneur Rufane Donkin, der glaubte, in jedem der zwölf steilen Zacken einen bestimmten Apostel zu erkennen. Die Bucht mit ihren puderfeinen weißen Stränden ist bei den Kapstädtern vor allem am Wochenende ein beliebtes Ausflugsziel, auch wenn der hier dank des antarktisch geprägten Benguelastroms deutlich eisgekühlte südatlantische Ozean nur die Mutigsten zum Sprung ins Wasser animiert. Restaurants, Cafés und Diskotheken bieten den Feriengästen die gewünschte Unterhaltung, und die spektakulären Berge präsentieren sich als Wanderparadies.

TWELVE APOSTLES UND CAMPS BAY

Der Bergrücken der Zwölf Apostel beschert dem Kapstädter Ferienvorort Camps Bay ein einzigartiges Panorama. Auch hier ist gelegentlich ein ähnlicher Effekt wie auf dem Tafelberg zu beobachten: Der »Kapdoktor« weht eine Wolkenschicht wie ein Tischtuch über das Plateau (links). Als Wanderregion erfreuen sich die Zwölf Apostel großer Beliebtheit. In fünf Stunden kann man von hier bis zum Tafelberg wandern.

KAPSTADT UND DIE KAPHALBINSEL

TWELVE APOSTLES UND CAMPS BAY

TWELVE APOSTLES UND CAMPS BAY

Schnelle Wetterumschwünge sind hier keine Seltenheit und erschweren eine Wanderung. Dafür entschädigen dramatische Anblicke.

STRANDLEBEN RUND UM KAPSTADT

Kapstadts Wasserratten haben die Qual der Wahl zwischen den Stränden auf der Atlantikseite der Kaphalbinsel und jenen entlang der False Bay, die zwar ebenfalls zum Atlantik gehört, vom kalten Benguelastrom aber nicht berührt wird. Diese von der Antarktis kommende Strömung kühlt die Gewässer entlang der Westküste auf empfindliche 12 bis 15 °C ab, in der False Bay hingegen kann sich das Meer an warmen Sommertagen durchaus auf milde 20 °C erwärmen. Das wohltemperierte Wasser ist also nicht der Hauptanziehungspunkt an Kapstadts Stränden. Surfer und Windsurfer suchen im Atlantik vorrangig den Thrill mächtiger Wellenberge an den Stränden von Noordhoek und Long Beach. Wer es weniger sportlich mag, der wählt entlang der False Bay traditionelle Badeorte wie Muizenberg, wo im 19. Jahrhundert am breiten Sandstrand viktorianisch-prüde gebadet wurde. Damit Damen wie Herren keine Blöße zeigten, errichtete man hübsche Holzhäuschen, die noch heute bunt bemalt den Strand einrahmen. Deutlich ruhiger ist es an den zahlreichen kleinen Buchten von Simon's Town, wo »The Boulders« – große Felsbrocken – die Strandlinie strukturieren. Nicht nur Badegäste, auch die Wale lieben das warme Wasser der False Bay: Im Oktober und November kommen die Tiere mit ihren Jungen in die Bucht.

STRANDLEBEN RUND UM KAPSTADT

Selbst im Sommer ist das Atlantikwasser an den Stränden recht frisch. Gegen die Kälte hilft Bewegung am besten: Auffrischende Winde sorgen für perfekte Wellen für Surfer (links), und am Kapstädter Sandy Beach geht man auch gern mit dem Paddelboot ins Wasser (unten). Ein weiterer Vorteil: So ein Boot sorgt für ein wenig Schutz vor Weißen Haien. Eine Beobachtungsstation warnt aber davor, wenn Gefahr droht.

STRANDLEBEN RUND UM KAPSTADT

STRANDLEBEN RUND UM KAPSTADT

Bunte Badehäuschen säumen die Bucht von Muizenberg, an Wochenenden herrscht hier reger Trubel.

HOUT BAY

Der Fischerort Hout Bay ist der nördliche Ausgangs- bzw. Endpunkt der spektakulären Küstenstraße Chapman's Peak Drive und ein bedeutender Hafen für den Fisch- und Langustenfang. Die von den Hügeln The Sentinel und Karbonkelberg eingerahmte Bucht erweckte die Aufmerksamkeit des Koloniegründers Jan van Riebeeck, weil sie so dicht bewaldet war; ihr Name »Hout« (holländisch = Holz) Bay verweist auf diesen Umstand. Ab Ende des 19. Jahrhunderts begann man, den Fischreichtum vor der Küste auch industriell zu verwerten – mit dem Bau der Konservenfabrik konnte der Fang auch entlegene Landesteile erreichen. Heute spielt neben der Fischerei der Tourismus eine wichtige Rolle. Auf der vorgelagerten Insel Duiker Island tummeln sich bis zu 8000 Kap-Pelzrobben. Der Besuch der Kolonie ist ein ebenso faszinierendes wie geruchsintensives Erlebnis.

HOUT BAY

Die freundlichen Gesichter der Regenbogennation empfangen Besucher auch in Hout Bay und führen gern den harten Alltag der Fischer vor Augen. Vor allem der Snoek – eine Hechtmakrele – geht hier ins Netz (links). Der beliebte Speisefisch, der auch eine Leibspeise der zahlreichen Südafrikanischen Seebären ist, gilt mittlerweile allerdings als in seinem Bestand gefährdet.

KAPSTADT UND DIE KAPHALBINSEL

HOUT BAY

HOUT BAY

Nicht nur der Ort selbst, sondern auch die Bucht wird als Hout Bay bezeichnet. Letztere zählt zu den wenigen »Big Wave«-Surfspots weltweit.

CHAPMAN'S PEAK DRIVE

Die 1922 eröffnete, neun Kilometer lange Panoramastraße zwischen Hout Bay und Noordhoek mäandert in 114 Kurven und teils schwindelerregender Höhe entlang der Flanke des 592 Meter hohen Chapman's Peak. Sieben Jahre dauerte der Bau, den damals viele für unmöglich hielten. Hinter jeder Kurve eröffnen sich neue, atemberaubende Ausblicke auf die steile Gebirgslandschaft und den Atlantik. Die vor allem bei Touristen beliebte Route war wegen Felsstürzen immer wieder gesperrt; ab 2000 durfte sie wegen Steinschlagsgefahr überhaupt nicht mehr befahren werden. Darauf übernahm ein privates Konsortium den Ausbau und die Sicherung der Küstenstraße und erhebt seit ihrer Fertigstellung 2003 von passierenden Fahrzeugen eine Mautgebühr. Doch auch jetzt ist das Befahren des Chapman's Peak Drive nicht immer möglich, nach Regenfällen ist die Straße des Öfteren gesperrt.

CHAPMAN'S PEAK DRIVE

Atemberaubende Aussichten offeriert der Chapman's Peak Drive, der zu den schönsten Autostrecken der Welt gezählt werden darf. Vor lauter Naturschönheiten muss man sich als Autofahrer stark darauf konzentrieren, dass man nicht vom Weg abkommt. Viele Parkbuchten entlang der Strecke sorgen aber dafür, dass man sich ausruhen und die Panoramen ohne Verkehrsstress genießen kann.

KOMMETJIE

Der südlichste Punkt des afrikanischen Kontinents ist bei Kommetjie zwar nicht erreicht, aber die Landschaft an diesem windumtosten Ort wirkt durchaus wie das Ende der Welt. Die kleine, gerade einmal 3000 Einwohner zählende Gemeinde zeigt sich besonders engagiert für den Erhalt einer intakten Umgebung. Noch vor 100 Jahren, zur Zeit der Ortsgründung, bestand das Umland aus Marschgebieten, in denen seltene Pflanzen heimisch waren. Zahlreiche Wasservögel suchten dieses feuchte Paradies auf, und bei den Familien aus der Umgebung war es üblich, zur Weihnachtszeit einige Tage beim Campen in den Wetlands zu verbringen. Bis heute lassen sich an den Brackwassern und auf Felsstränden um Kommetjie Rosaflamingos und Robben beobachten; von den dichten Milkwoodwäldern sind allerdings nur wenige Bäume erhalten.

KOMMETJIE

Beliebt ist die Bucht von Kommetjie heute auch als Surfspot, allerdings ist wegen der starken Brandung fundiertes Können gefragt. Aufgrund der tückischen Meeresströmungen wurde hier 1919 das Slangkop Point Lighthouse errichtet (beide Abbildungen). Der 33 Meter hohe Leuchtturm ist heute ein Ziel für Besucher, die am acht Kilometer langen Noordhoek Beach entlangwandern und den Turm besteigen können.

KAP DER GUTEN HOFFNUNG

Der Portugiese Bartolomeo Diaz war 1488 der erste Europäer, von dessen gelungener Umseglung der Südspitze Afrikas die Nachwelt erfuhr – denn er kehrte auf dem gleichen Weg zurück. Da ihm am Kap jedes Mal Unwetter zusetzten, nannte er es »Kap der Stürme«. Später wurde »Kap der Guten Hoffnung« daraus, angeblich auf Anregung des portugiesischen Königs Johann II. Die Portugiesen waren aber sicher nicht die Ersten in diesem Teil der Weltmeere: Antiken Quellen zufolge umrundete bereits eine Expedition des Karthagers Hanno im 6. Jahrhundert v. Chr. Afrika. Auch stammten die Informationen, die den portugiesischen Entdeckungsfahrten zugrunde lagen, wohl von anderen Seefahrern, die diese Reisen zuvor unternommen hatten. Auf Diaz folgten Vasco da Gama und viele andere, doch erst deren Landsmann Antonio do Saldanha ankerte 1503 in der False Bay.

KAP DER GUTEN HOFFNUNG

Links: Bei herrlichem Wetter präsentiert sich hier das Kap der Guten Hoffnung: Auch für Seefahrer gilt diese Küste als eine der schönsten – allerdings auch tückischsten – der Erde. Seit dem 15. Jahrhundert gab es Tausende dokumentierte Schiffsunglücke vor der Südspitze Afrikas, die unbekannten Schicksale früherer Zeiten einmal außer Acht gelassen. Turbulent zeigt sich die See an den meisten Tagen (unten).

CAPE OF GOOD HOPE NATURE RESERVE

Die Südspitze der Kaphalbinsel steht als Table Mountain National Park unter Naturschutz. Den südlichsten Teil des 8000 Hektar großen Areals nimmt das Cape of Good Hope Nature Reserve ein. In ihm leben Paviane, Strauße, verschiedene Antilopenarten, Bergzebras und Robben; im Wasser können mit Glück Wale gesichtet werden. Die typische Kapflora ist u.a. mit strahlend schönen Proteen vertreten, die bunte Tupfer in die karge Landschaft setzen. Spazierwege erschließen diesen etwas unwirtlich, zugleich aber auch sehr faszinierend wirkenden Ort. Nur die teils richtig aggressiv um Nahrung bettelnden Paviane trüben das Vergnügen, im Naturschutzgebiet zu wandern. Beim windumtosten Cape Point, einer 249 Meter hohen Anhöhe, ist schließlich der südwestlichste Zipfel Afrikas erreicht. Zwei Leuchttürme weisen den das Kap der Guten Hoffnung umrundenden Schiffen den Weg.

Strauße zählen – neben Pavianen – zu den häufigsten Beispielen der Kapfauna, die man im Cape of Good Hope Nature Reserve antreffen wird (unten). Neben Tier- und Pflanzenwelt beeindruckt die grandiose Landschaft (rechts).

BOULDERS BEACH

Den riesigen, von Wind und Meer fast sinnlich rund abgeschliffenen Felsbrocken verdankt Boulders Beach in Simon's Town seinen Namen. Die eigentliche Attraktion aber sind die Brillenpinguine, die in mehreren Kolonien an den drei Stränden des Städtchens leben. Eine ungewöhnliche Ortswahl für die possierlichen Vögel, die normalerweise abgelegene Felszungen oder Inseln bevorzugen. Brillenpinguine gelten als bedrohte Tierart, ihr Bestand ging innerhalb von 50 Jahren um 80 Prozent auf heute rund 25 000 Brutpaare zurück. In Boulders watscheln durchschnittlich 2000 Pinguine die Strände entlang. Auf eigens angelegten Plankenwegen dürfen sich Besucher den Tieren nähern und sie beobachten; es ist allerdings streng verboten, die Plattformen zu verlassen. Auch an den anderen Stränden von Simon's Town sind gelegentlich Pinguine zu sehen. Dort können menschliche Gäste auch sonnenbaden oder schwimmen.

Um 95 Prozent ist die Zahl der Brillenpinguine in Afrika im Vergleich zum Anfang des 20. Jahrhunderts zurückgegangen. Am Boulders Beach hat sich eine kleine Kolonie erhalten.

CAPE OF GOOD HOPE NATURE RESERVE

BOULDERS BEACH

BOULDERS BEACH

BOULDERS BEACH

Mit zwei Brutpaaren fing es 1982 an, heute bevölkern über 3000 durchaus neugierige Brillenpinguine den Boulders Beach.

BLOUBERG BEACH

Perlweiße Sandstrände und der atemberaubende Blick auf Kapstadt, den Tafelberg und Robben Island sind das Kapital des Bade- und Surfmekkas Blouberg Beach. Während englischsprachige Kapstädter den Stränden von Camps Bay den Vorzug geben, sind Blouberg Beachs sichelförmige Buchten Big Bay und Little Bay an den Wochenenden vor allem von Buren gut besucht. An den Surfspots der Big Bay finden regelmäßig internationale Wettkämpfe der Wind- und Kitesurfer statt, da der Wind hier beständig und zuverlässig weht. Die heute weitgehend moderne Ansiedlung entstand zu Beginn des 19. Jahrhunderts; ihr Name erinnert an eine der ersten unter Europäern ausgetragenen Schlachten auf südafrikanischem Boden am 8. Januar 1806. Die Battle of Blaauwberg leitete die britische Eroberung der niederländischen Kolonie ein.

BLOUBERG BEACH

»Blouberg« wird der Strand genannt, weil der imposante Tafelberg auf der gegenüberliegenden Seite hier oft in bläulich schimmerndem Licht erscheint (links). Kite- und Windsurfen gehören zu den Lieblingsbeschäftigungen, und Besucher kommen wegen der guten Bedingungen aus aller Welt hierher. Zahlreiche Surfschulen am Strand helfen auch Anfängern auf das Brett.

KAPSTADT UND DIE KAPHALBINSEL

BLOUBERG BEACH

BLOUBERG BEACH

Einmalig schön ist die Aussicht vom Bloubergstrand auf den Tafelberg. Ein schicker Ortsteil heißt hier sogar »Table View«.

KAPSTADT UND DIE KAPHALBINSEL

ROBBEN ISLAND

Die sechs Quadratkilometer große Felseninsel vor Kapstadt diente seit Beginn der Kolonisierung als Gefängnisinsel – portugiesische Sträflinge hielt man hier ebenso unter Verschluss wie schwarze Sklaven und schließlich die politischen Gefangenen der Apartheidzeit. »Rest In Peace« übersetzten die Gefangenen die Abkürzung RIP für Robben Island Prison. Nelson Mandela, Häftling Nr. 466/64, wurde 1964 zu lebenslanger Freiheitsstrafe verurteilt. Bis April 1982 war er auf Robben Island, danach im Hochsicherheitsgefängnis Pollsmoor bei Kapstadt und schließlich ab Dezember 1988 im Victor-Verster-Gefängnis bei Paarl inhaftiert, ehe er am 11. Februar 1990 endlich aus der Haft entlassen wurde. Heute erkunden Besucher das Museum wie den Gefängnistrakt und erhalten während einer Rundfahrt auch Erläuterungen über die Tierwelt der Insel, die seit 1999 zum UNESCO-Welterbe zählt.

ROBBEN ISLAND

Robben Island liegt etwa zehn Kilometer von der Küste entfernt. Der idyllische Name steht für eines der schlimmsten Kapitel der Apartheidpolitik. Es ist nur der erstaunlichen moralischen Kraft Nelson Mandelas zu danken, dass dieses Eiland nicht bloß als ein Symbol der Unterdrückung verstanden wird. Bei der Besichtigung der Sicherheitsanlagen und düsteren Zellen kann sich kaum ein Besucher des Grauens erwehren.

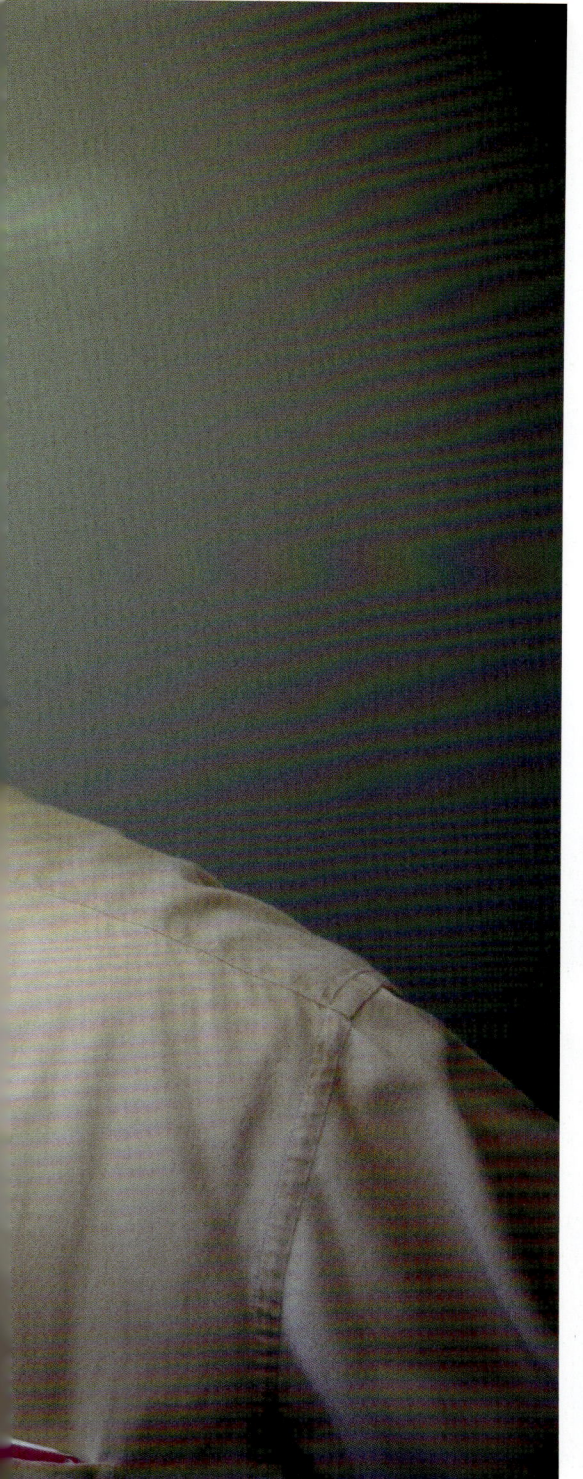

NELSON MANDELA: FREE AT LAST!

Nelson Mandela zählte zu den charismatischsten Persönlichkeiten unserer Zeit. Er war Symbol des Widerstands gegen rassistische Unterdrückung und des friedlichen Miteinanders der Völker und Kulturen. Im Jahr 1993 erhielt er den Friedensnobelpreis zusammen mit Willem de Klerk, dem weißen Präsidenten Südafrikas, der die Zeichen der Zeit erkannt und die Freilassung Mandelas verfügt hatte – nach annähernd drei Jahrzehnten Haftstrafe. Im Jahr 1918 im damaligen Homeland Transkei geboren, trat Nelson Mandela 1942 dem ANC (African National Congress) bei, dessen Freiheitscharta mit den Worten begann: »Südafrika gehört allen, die dort leben, Schwarzen und Weißen.« Doch das weiße Regime verteidigte seine Vorherrschaft mit allen Mitteln. Im Jahr 1960 ging Mandela, nun Führer des ANC, in den Untergrund und wurde zum meistgesuchten Mann Südafrikas. 1962 verhaftete man ihn, zwei Jahre später wurde er wegen Hochverrats zu lebenslanger Haft verurteilt. Auch in den Jahren im Gefängnis schwieg Mandela nicht – er wurde zum Wortführer der unterdrückten Mehrheit in Südafrika und zum berühmtesten politischen Gefangenen der Welt. Doch erst 1990 fruchteten die internationalen Forderungen nach seiner Freilassung. 1994 wurde er zum ersten schwarzen Präsidenten Südafrikas gewählt. Mandela verstarb 2013.

NELSON MANDELA: FREE AT LAST!

Nelson Mandela verbrachte 27 Jahre seines Lebens im Gefängnis, die ersten 18 Jahre davon in einer Zelle auf der Gefängnisinsel Robben Island. Bei seiner Freilassung 1990 empfing ihn seine Frau Winnie, vier Jahre später feierten die Menschen ihn als Südafrikas ersten schwarzen Präsidenten. Nach seinem Tod am 5. Dezember 2013 trauerte man weltweit um den einzigartig charismatischen Staatsmann.

STELLENBOSCH

Stellenbosch ist nach Kapstadt die älteste europäische Siedlung Südafrikas. Mächtige Eichen, die Stadtgründer Simon van der Stel im 17. Jahrhundert pflanzen ließ, spenden Häusern in kapholländischem und viktorianischem Stil Schatten. Am ehemaligen Paradeplatz Braak blieb mit dem Burgerhuis ein besonders schmuckes Beispiel niederländischer Bauweise in Südafrika erhalten. Auf die zweite Hälfte des 19. Jahrhunderts geht die wissenschaftliche Tradition Stellenboschs zurück: Aus einem Gymnasium entwickelte sich im Jahr 1887 das Queen-Victoria-College und 1918 die erste Universität Südafrikas. Da die Stadt auch Mittelpunkt eines bedeutenden Weinbaugebiets ist, besitzt die akademische Stätte ein önologisches Institut. In der Umgebung liegen viele private Weingüter, die Keller von Winzergenossenschaften und ein paar der bemerkenswertesten Gutshäuser des Landes.

STELLENBOSCH

Stellenbosch verfügt über rund ein Siebtel der südafrikanischen Rebfläche von knapp 102 000 Hektar. Auf den Weingütern der Region können Besucher die in diesem Ursprungsgebiet angebauten Weine verkosten, in Restaurants speisen und zum Teil auch in Hotels übernachten. Der Ort selbst wirkt mit seinen schön restaurierten historischen Bauten teils wie ein Museum, aber auch lebhaft und vital.

KAPSTADT UND DIE KAPHALBINSEL

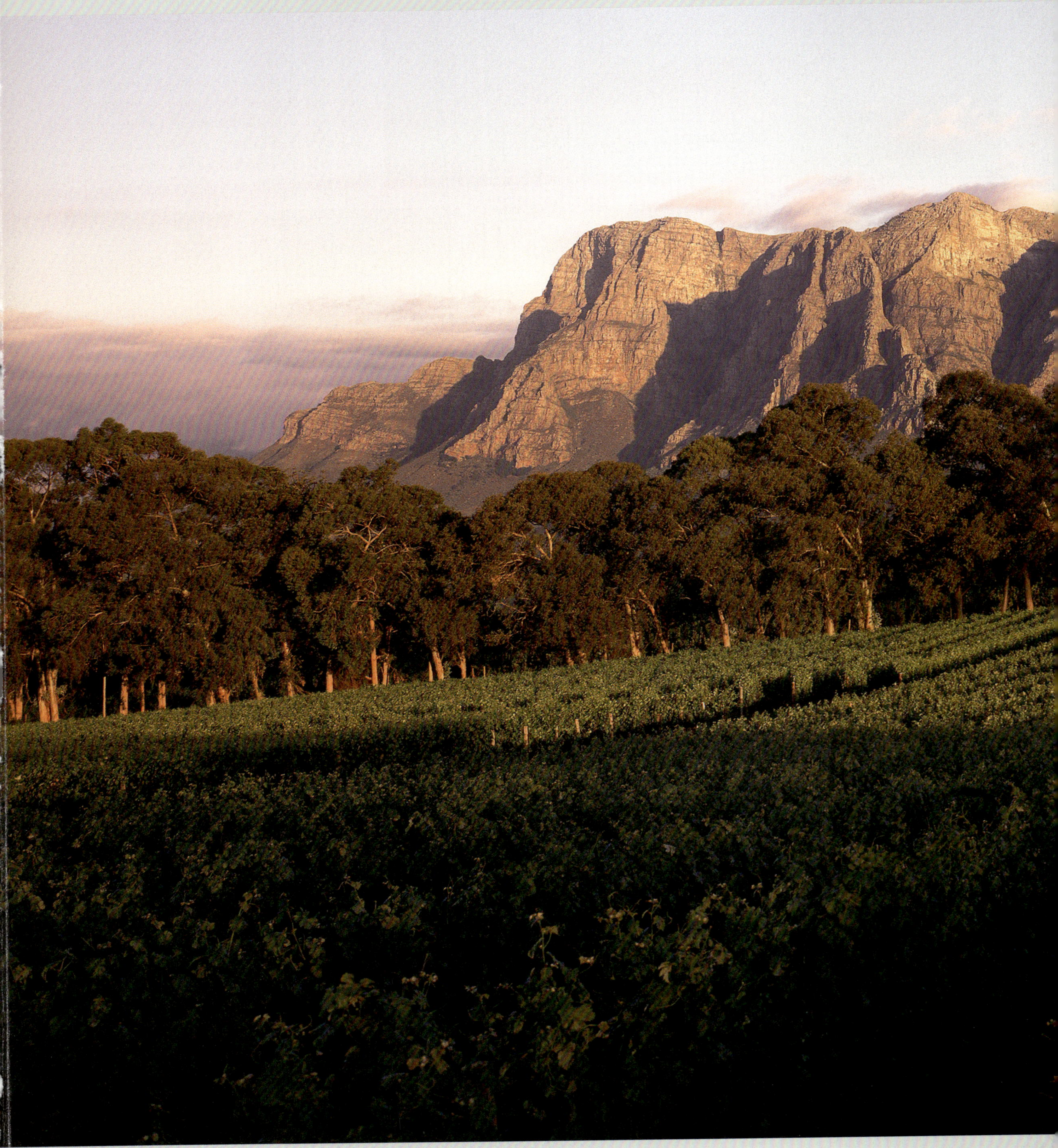

CAPE WINELANDS

CAPE WINELANDS

Trockene Böden und heiße Sommer sind das Erfolgsrezept, das südafrikanischen Weinen regelmäßig Spitzenplätze in internationalen Rankings beschert. Bereits 1632 erntete Jan van Riebeeck am Kap die ersten Trauben. Gouverneur Simon van der Stel gründete 1679 Stellenbosch und legte ein paar Jahre später den Grundstein für eines der bekanntesten Weingüter, Constantia. Dessen im kapholländischen Stil erbautem Gutshaus folgten viele weitere Kellereien, die allerdings bis 1994 fest in weißer Hand waren. Erst als nach dem Ende der Apartheid die internationalen Handelsbeschränkungen aufgehoben wurden und u. a. auch Wein exportiert werden durfte, begann der Siegeszug der feinen Tropfen vom Kap. Mittlerweile haben sich auch einige schwarzafrikanische Winzer wie Thandi bei Paarl mit Spitzenweinen einen internationalen Namen gemacht.

CAPE WINELANDS

Heute produziert Südafrika jährlich rund 730 Millionen Liter Wein, mehr als 309 Millionen Liter werden davon exportiert. Nach dem Siegeszug südafrikanischer Tropfen auf dem internationalen Weinmarkt reicht die Anbaufläche im »Weindreieck« zwischen Stellenbosch, Franschhoek und Paarl nicht mehr aus. Nun überziehen die akkuraten Reihen der Weinreben selbst Teile der Großen Karoo.

CAPE WINELANDS

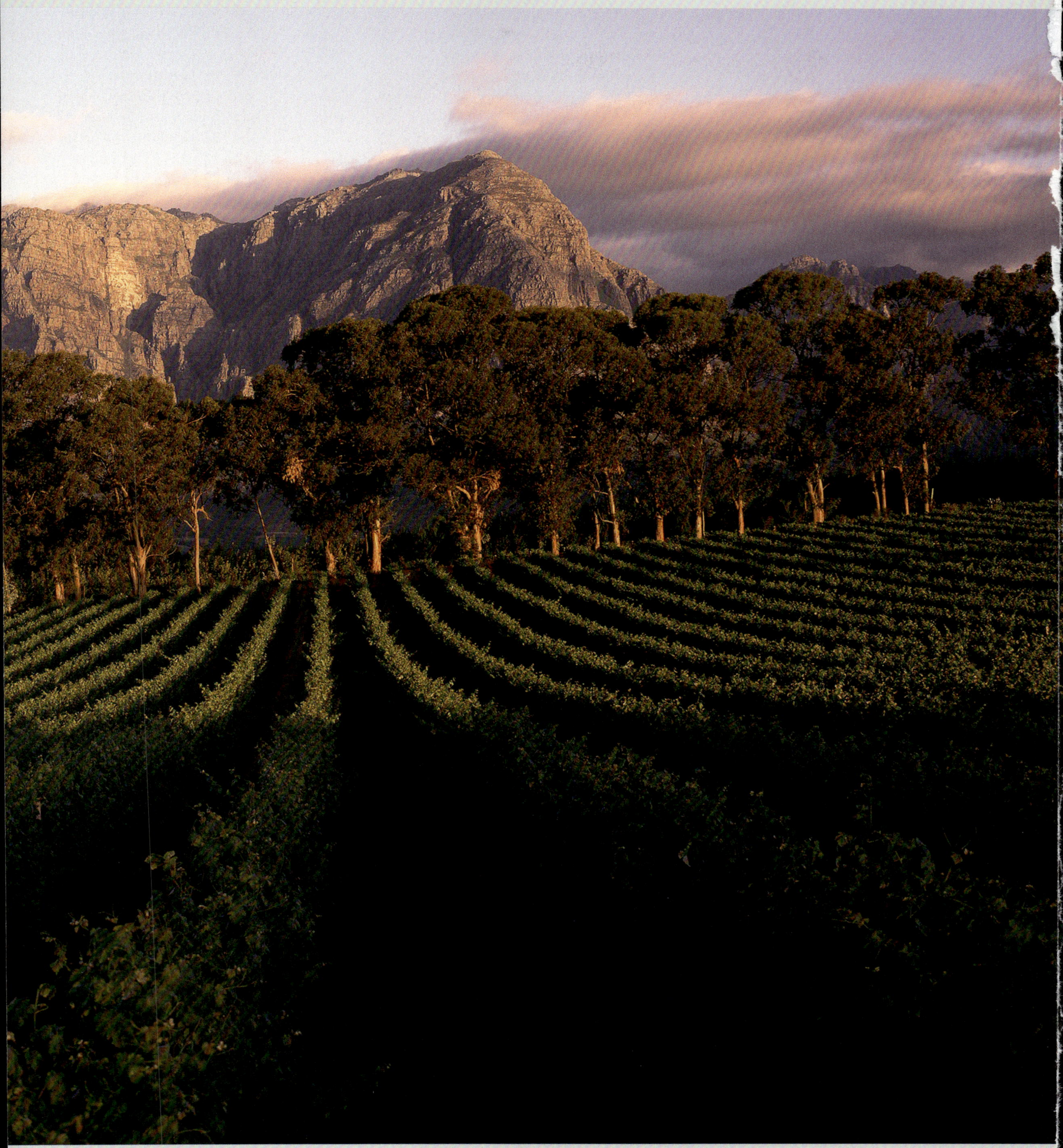

FRANSCHHOEK UND PAARL

Die beiden historischen Städtchen im Weinland am Kap nahmen eine ähnliche Entwicklung: Im 17. Jahrhundert von Holländern gegründet, boten sie kurze Zeit später Hugenotten Zuflucht, die ihre Heimat Frankreich aus religiösen Gründen verlassen mussten. Die Zuwanderer erkannten, wie gut die von hohen Bergen geschützte und vom küstennah verlaufenden Benguelastrom beeinflusste Region für den Weinbau geeignet war, und legten die ersten Rebenpflanzungen an. Im Namen Franschhoek, »Französisches Eck«, ist die Erinnerung an die Einwanderer noch lebendig. Ein Denkmal in der Ortsmitte erinnert an die Religionsgemeinschaft. Zugleich ist die Region auch stark mit dem Afrikaans, der Sprache der holländischstämmigen Buren, verbunden. In Paarl, wo das Afrikaans erstmals schriftlich gefasst wurde, dokumentiert ein Museum die Entstehung und Verbreitung der Sprache.

FRANSCHHOEK UND PAARL

Seit 1918 eine Erfolgsgeschichte: Die Weine der Winzergenossenschaft Kooperatieve Wijnbouwers Vereniging gehören zu den besten Südafrikas und werden vor allem in den Kellereien in der Umgebung von Paarl erzeugt (unten). Oberhalb der Stadt selbst steht seit 1975 das »Taalmonument«, das die Sprache Afrikaans ehrt (links). Um dieses herum liegt ein prächtiger botanischer Garten.

KAPSTADT UND DIE KAPHALBINSEL

STELLENBOSCH WINE ROUTES

Wären die ersten Siedler um Stellenbosch beim ursprünglich gepflanzten Weizen geblieben – Südafrika hätte eine große Attraktion weniger, und die Welt müsste auf hervorragende Weine verzichten. Doch Gouverneur Simon van der Stel schätzte einen guten Tropfen und ermunterte daher die Bauern, Reben zu ziehen. Heute verfügt Stellenbosch über etwa ein Siebtel der südafrikanischen Weinbaufläche; das Anbaugebiet ist besonders berühmt für seine Cabernet-Sauvignon-, Merlot-, Pinotage- und Shiraz-Weine. Die Stellenbosch Wine Routes setzen sich aus fünf unterschiedlichen Routen – Greater Simonsberg, Stellenbosch Berg, Helderberg, Stellenbosch Hills und Bottlerary Hills – zusammen und führen zu rund 150 idyllisch in den Weinbergen gelegenen Gütern und fünf Winzergenossenschaften, darunter so illustre Namen wie Morgenhof, Neethlingshof und Overgaauw.

Vor dem herrlichen Berghintergrund liegen die Babylonstoren Wine Estates, die nicht nur hervorragenden Wein, sondern auch ein Restaurant und ein Farm Hotel bieten. Das Gehöft im kapholländischen Stil stammt bereits aus dem Jahr 1690.

EDLE TROPFEN ENGAGIERTER WINZER

Der Weinbau in Südafrika kann auf eine rund 300 Jahre alte Tradition zurückblicken. Jan van Riebeeck, der erste Verwalter der niederländischen Kapprovinz, bestellte sich für seine Handelsniederlassung auch ein paar Weinreben. Im Jahr 1654 konnte er die erste Ernte einbringen und den daraus gekelterten Muscadet verkosten. An europäischen Königshöfen wurde Wein aus Südafrika bald durchaus goutiert; so richtig durchgesetzt haben sich die Tropfen vom Kap aber erst zu Beginn der 1990er-Jahre, als mit der Apartheid auch das Handelsembargo fiel. Nun fingen hiesige Winzer (zum Teil in Kooperation mit europäischen Häusern) an, Spitzenweine zu produzieren. Die idyllisch und sehr europäisch wirkende Weinbauregion nordöstlich von Kapstadt wurde ein beliebtes Reiseziel. In Paarl residiert die Kooperatieve Wijnbouwers Vereniging als eine Winzergenossenschaft, deren Label KWV die Flaschen vieler Spitzenweine ziert. Groot Constantia ist Südafrikas ältestes Weingut (17. Jahrhundert).

Weinkeller können in den meisten Gütern besichtigt werden. Danach geht es zur Verkostung und zum Verkauf.

STELLENBOSCH WINE ROUTES

EDLE TROPFEN ENGAGIERTER WINZER

SWARTLAND

WEST COAST

SWARTLAND

Als der Forschungsreisende Cieter Cruyhos 1652 von einer Erkundung des Landesinneren nach Kapstadt zurückkehrte, berichtete er dem Kolonieverwalter Jan van Riebeeck, das Land dort sei schwarz. Die Farbe verdankt die deshalb Swartland benannte Region der dunklen, fruchtbaren Erde, auf der die Siedler zunächst Weizen pflanzten. Erst seit Ende der Apartheid wird im Swartland auch im großen Stil Wein angebaut. Heute gedeihen hier einige der besten Tropfen Südafrikas, denen die kühleren klimatischen Bedingungen besonders zusagen. Unter den Swartland-Winzern sind viele »junge Wilde«, die experimentierfreudig aufregende Tropfen produzieren, so etwa das Familienunternehmen Mullineux. Aber auch Traditionsbetriebe wie Allesverloren sind ansässig. Die Familienlegende erzählt, dass der erste Besitzer dieses Guts 1806 eine böse Überraschung erlebte, als er von einer Reise nach Kapstadt heimkehrte: Hof und Kellerei waren abgebrannt.

Dank der namensgebenden schwarzen Erde zeigt sich die Region Swartland fruchtbar mit Weinreben (links) und Kornfeldern (unten).

WEST COAST

Karg, steinig und abweisend präsentiert sich die West Coast auf den ersten Blick. Der Atlantik und der an der Küste nordwärts verlaufende Benguelastrom schaffen klimatische Voraussetzungen, unter denen Flora und Fauna besondere Anpassungsmechanismen entwickeln müssen, um überleben zu können. Es ist kühl und trocken; Feuchtigkeit bringt meist nur der vom Meer landeinwärts treibende Nebel, den Pflanzen und Tiere mit unterschiedlichen Techniken als Wasserspender nutzen. Unter solchen Umständen erstaunt die Artenvielfalt, vor allem, wenn sich die Landschaft zwischen August und Oktober mit blühenden Wildblumen überzieht. Auch der Vogelreichtum ist beeindruckend. Robben haben mehrere Kolonien eingerichtet, und Brillenpinguine schätzen die rauen Klimabedingungen. Zwischen Juni und Dezember ziehen Wale die Westküste entlang.

Die Küstenlinie von Kapstadt nach Nordwesten ist als trockener, oft nur durch Nebelfeuchtigkeit gespeister Landstrich bekannt. Dennoch haben sich hier viele Tierarten angesiedelt, darunter auch der Südafrikanische Seebär (unten).

WEST COAST NATIONAL PARK

Der 27 000 Hektar große West Coast National Park wurde 1985 eingerichtet, um die hier besonders artenreiche Vogelwelt zu schützen. Sein Kerngebiet ist die von Marschland und Salzpfannen umgebene Langebaan-Lagune. Das etwa 6000 Hektar große Feuchtgebiet wurde zum beliebten Rastplatz für heimische Wat- wie paläarktische Zugvögel. Solche finden sich im September nach ihrer Reise gen Süden im Nationalpark ein; dann bevölkern bis zu 37 000 gefiederte Gäste die ganze Lagune. Im März sammeln sich große Schwärme für den Heimflug nach Norden. Der Nationalpark liegt im Winterregengebiet; die Niederschläge in der kalten Jahreszeit sind gering. Die Pflanzenwelt bezieht die von ihr benötigte Feuchtigkeit aus den Morgennebeln. An die harten Umweltbedingungen ist die charakteristische Fynbos-Vegetation des Strandveld hervorragend angepasst.

WEST COAST NATIONAL PARK

Die trockene Westküste ist Heimat einer ganz besonderen, artenreichen Pflanzengesellschaft, die »Fynbos« genannt wird (links). Über 850 unterschiedliche Spezies sind nachgewiesen worden, darunter viele ausschließlich hier vorkommende. Ebenso spektakulär ist der Vogelreichtum: Flughühner (großes Bild) sind hier ebenso anzutreffen wie Schwarzhalsreiher und Kuhreiher (Bildleiste von oben).

LAMBERTS BAY

Der Fischerort an der Westküste hat einen überregionalen Ruf als Zentrum des Langustenfangs. Viele der delikaten Krebstiere landen gleich nach dem Fang in den Küchen der zahlreichen die Bucht säumenden Restaurants. Fast ebenso berühmt ist die Qualität der Kartoffeln, die in den sandigen Böden des Sandveld vorzüglich gedeihen. Wie die meisten anderen Siedlungen an der Westcoast ist auch Lamberts Bay trotz seiner einladenden Strände kein Ziel für den Badeurlaub. Der Atlantik erreicht selten Temperaturen über 16 °C. Vogelbeobachter hingegen kommen voll auf ihre Kosten, denn auf der vorgelagerten Insel Bird Island lebt eine Kolonie von über 25 000 Kaptölpeln. Neben den blauäugigen Tölpeln segeln Kormorane und Möwen durch die Luft. Auch Brillenpinguine leben am Strand. Früher wurde auf Bird Island Guano abgebaut; heute steht die Insel unter Naturschutz.

LAMBERTS BAY

Links: Kaptölpel, so weit das Auge reicht: Laut geht es auf Bird Island zu, einer kleinen Insel vor der Küste von Lamberts Bay, auf der sich eine große Kolonie der Vögel angesiedelt hat. Kaptölpel sind pfeilschnelle Jäger, die sich auf der Suche nach Fischen Kamikazefliegern gleich in die Fluten des Atlantiks stürzen. Bei Brutaufzucht und Balz geht es wesentlich zärtlicher zur Sache (unten).

KAPSTADT UND DIE KAPHALBINSEL

CEDERBERG MOUNTAINS

Bis zu einer Höhe von 2000 Metern erheben sich die zerklüfteten Zederberge. Die Gebirgsinsel voller dicht bewaldeter Schluchten sowie bizarr erodierter Felsbrücken und Steinpfeiler inmitten der Ebenen des Sandvelds diente den nomadischen Jagdgruppen der San – von den holländischen Siedlern abschätzig Buschmänner genannt – als Jagdgebiet. An den Felswänden der Höhlen, in denen sie Unterschlupf fanden, haben die San zahllose Felsbilder hinterlassen. In dem als Nationalpark geschützten Gebiet leben verschiedene Antilopenarten wie Buntbock und Oryx sowie Bergzebras. Leoparden und Karakals gehen in den steinigen Höhen auf Jagd, und natürlich schätzen auch mehrere, teils giftige Schlangenarten die harsche Umgebung. Die namensgebende und hier endemisch vorkommende Clanwilliam-Zeder hat nur noch in wenigen, isoliert wachsenden Exemplaren überlebt.

CEDERBERG MOUNTAINS

Die namensgebenden Clanwilliam-Zedern sind in den Zederbergen 200 Kilometer nördlich von Kapstadt fast vollständig abgeholzt worden. Dafür blühen die Blumen und der Rooibos wie eh und je (unten). Die Natur hat dramatische Steinskulpturen geschaffen, und die Menschen haben ihnen fantasievolle Namen gegeben (links). Das Schutzgebiet zählt zum UNESCO-Weltnaturerbe.

KAPSTADT UND DIE KAPHALBINSEL

CEDERBERG MOUNTAINS

CEDERBERG MOUNTAINS

»Lots Frau« heißt diese bizarre Steinformation in den Zederbergen, obwohl Sodom und Gomorrha doch sehr weit weg sind.

FELSBILDER DER SAN IN DEN ZEDERBERGEN

Die ältesten Felsbilder Südafrikas werden auf die Zeit vor 28 000 Jahren datiert. Die über 2500 Malereien unter Überhängen oder in Höhlen der Zederberge sind nach Schätzungen der Archäologen vor 200 bis 8000 Jahren entstanden. Die genaue Datierung ist schwierig, denn um die Farben mittels der Radiokarbonmethode untersuchen zu können, müsste man die Bilder beschädigen. Die meisten Malereien zeigen Jagdwild wie Elenantilopen, Elefanten, Giraffen, aber auch Raubtiere und Schlangen. Menschen sind in Reihen hintereinander stehend oder gehend bei der Jagd oder beim Sammeln von Veldkost, also wilder Wurzeln und Pflanzen, dargestellt. Viele Motive sind rätselhaft, so die sonderbaren Mischwesen zwischen Mensch und Tier. Die Bilder sollten wahrscheinlich mehrere Zwecke erfüllen – zum einen könnten sie dazu gedient haben, bestimmte Fertigkeiten zu dokumentieren; zum anderen besaßen sie sicherlich auch eine magische Dimension, indem sie Jagdglück oder Regen heraufbeschwören sollten. Lange war es umstritten, wer diese Bilder anfertigte, denn die San, die früher als Jäger und Sammler im südlichen Afrika lebten, behaupteten, die Felstableaus stammten von den Göttern. Inzwischen gilt aber als gesichert, dass die Vorfahren der San die Schöpfer dieser faszinierenden Felsmalerei-Galerien waren.

FELSBILDER DER SAN IN DEN ZEDERBERGEN

Der Sevilla Rock Art Trail ist einer von zwei öffentlich zugänglichen Wanderwegen, der zu den Felsmalereien in den Höhlen und Überhängen der Zederberge führt. An den verschiedenen Stationen kann man u. a. Zeichnungen von Bogenschützen, Zebras und Elefanten entdecken. Die uralten Zeugnisse lehren den Menschen von heute viel über ein nachhaltiges Leben im totalen Einklang mit der Natur.

KAPSTADT UND DIE KAPHALBINSEL

BAKKRANS NATURE RESERVE

Mit der Einrichtung des Bakkrans Nature Reserve gingen mehrere private Landbesitzer im Gebiet der Zederberge einen mutigen Schritt hin zum Schutz bedrohter Tier- und Pflanzenarten. Die Farmer gaben 1997 die Nutztierhaltung auf, die das empfindliche ökologische Gleichgewicht der ariden Region stark geschädigt hatte, schlossen sich zusammen und rissen die trennenden Zäune zwischen ihren Besitzungen ab, um dem Wild so großräumigere Wanderungen zu ermöglichen. Wichtigstes Anliegen war und ist die Rettung der bedrohten Bergzebras, von denen nur noch 37 Exemplare auf dem Gebiet des Nature Reserve lebten. Ein Teil des Naturschutzgebietes ist heute exklusivem, dabei aber nachhaltigem Tourismus vorbehalten, in anderen Regionen wird die Hegegemeinschaft umsichtig mit neuem Wild bestückt, das den früheren Artenreichtum wiederherstellen soll.

BAKKRANS NATURE RESERVE

Gebänderte Gürtelschweife (unten) kommen ausschließlich im südlichen Afrika vor und sind eine kleine Echsenart. Sie sind scheu und verstecken sich oft zwischen Felsen und unter Überhängen. Links: das Tal bei der Mooiberg-Farm, die wie die Bakkrans-Farm in das Naturreservat integriert wurde. Zu erreichen sind beide über Schotterstraßen durch die kleinen Orte Op-die-Berg und Wupperthal.

KAPSTADT UND DIE KAPHALBINSEL

BETTY'S BAY

Betty's Bay zählt zu den unbekannteren Sommerfrischen an der Westküste. Der an sich unspektakuläre Ort lockt mit einer entspannten Atmosphäre und einer großen Attraktion: der Pinguinkolonie am Stoney Point. Hervorgegangen ist Betty's Bay aus einer früher ebenfalls am Stoney Point angesiedelten Walfangstation; ab 1930 entwickelte sich ein Ferienort, den ein gewisser Harold Porter gründete und nach der Tochter seines Chefs benannte. Porter selbst wiederum war Namensgeber des sehenswerten botanischen Gartens, der sich von den Flanken des 917 Meter hohen Platbergs bis zum Ort erstreckt und eine repräsentative Auswahl der charakteristischen Fynbos-Flora, also Erika und Proteen, präsentiert. Betty's Bay ist zudem Teil des Kogelberg Nature Reserve. Die Bewohner von Betty's Bay achten besonders genau darauf, dass Besucher die Umwelt durch ihr Verhalten nicht schädigen.

Brillenpinguine tummeln sich am Stoney Point vor Betty's Bay (unten) ebenso wie die wieselflinken Klippschliefer. Bis Ende November lassen sich oft Wale vor der Küste blicken.

KOGELBERG BIOSPHERE RESERVE

Das Naturschutzgebiet ist das erste von der UNESCO deklarierte Biosphärenreservat Südafrikas und umfasst eine rund 100 000 Hektar große Region zwischen dem bis zu 1890 Meter hohen Gebirgszug des Kogelberg und der Küste. Geschützt ist außerdem das unterseeische Gebiet in bis zu 7,5 Kilometer Entfernung von der Küste, in dem u. a. mächtige Kelpwälder gedeihen. Die Region gilt als Hotspot der Artenvielfalt – so verzeichneten Botaniker über 77 endemische Arten. Sie sind Teil der Kapflora, die mit über 1300 Pflanzenarten auf einer Fläche von 10 000 Quadratkilometern einen größeren Reichtum aufweist als der brasilianische Amazonasurwald mit nur 400. Gemäß der Intention von Biosphärenreservaten wird der Mensch nicht ausgesperrt – Landwirte und Fischer dürfen im Schutzgebiet ihren Lebensunterhalt verdienen. Allerdings genießt Nachhaltigkeit oberste Priorität.

Die wohl größte Bergfynbos-Vegetation der Welt bietet das Biosphärenreservat Kogelberg (unten). Eingeschleppte Pflanzen wurden konsequent entfernt, und so findet sich hier eine prächtige endemische Flora.

BETTY'S BAY

KOGELBERG BIOSPHERE RESERVE

KOGELBERG BIOSPHERE RESERVE

KOGELBERG BIOSPHERE RESERVE

Die zerklüfteten Felsen der Kogelberg Mountains stoßen direkt an die tosenden Fluten des Atlantischen Ozeans.

HERMANUS

Der Mitte des 19. Jahrhunderts gegründete Ort östlich von Kapstadt ist das Mekka der Walbeobachtung. Zwischen Juli und Dezember suchen große Schulen Südlicher Glattwale die Walker Bay auf, bis zu 150 Tiere versammeln sich an manchen Tagen in der Bucht. Hermanus selbst lebte lange Zeit vom Walfang, doch auch der Tourismus setzte sehr früh ein; bereits 1891 eröffnete das erste Hotel. Heute sind Ferienhaussiedlungen und Pensionen zu einer einzigen, lang gezogenen Agglomeration zusammengewachsen, in der der historische Ortskern am Alten Hafen kaum noch auszumachen ist. Der zwölf Kilometer lange Cliff Path folgt der Küstenlinie durch Fynbos-Vegetation vom Neuen Hafen bis zum Grotto Beach und eröffnet immer neue Ausblicke auf den Atlantik. Von ihm aus lassen sich auch die mächtigen Wale sehr gut beobachten.

HERMANUS

In den Sommermonaten ist Hermanus dank seiner weiten, flach abfallenden Sandstrände ein beliebter Badeort. Vor allem der fast unglaubliche 18 Kilometer lange Grotto Beach (links) bietet jedem Urlauber ausreichend Platz für sein eigenes Sonnenplätzchen. An der Felsenküste in der Nähe krachen die Wellen dagegen heftig an den Strand, Baden ist hier ein gefährliches Vabanquespiel (unten).

WHALE WATCHING

Südafrika gilt als eine der besten Destinationen für die Walbeobachtung. Vor allem Südliche Glatt- und Buckelwale schwimmen zwischen Juni und November aus ihrem Lebensraum in antarktischen Gewässern an die südafrikanische Küste, um sich zu paaren und zu kalben. Außerdem lassen sich weitere Walarten wie Zwergglattwale und Zahnwale, manchmal sogar Orcas blicken. Die besten Beobachtungsorte liegen entlang der Südspitze Afrikas zwischen der Dooring Bay bei Kapstadt über die Plettenberg Bay an der Garden Route bis hinauf nach St. Lucia. Die Tiere kommen dabei an manchen Stellen, wie beispielsweise bei Hermanus, der Küste so nahe, dass man sie bequem vom Festland aus beobachten kann und keine – durchaus auch mal turbulenten – Schiffstouren unternehmen muss. Der Anblick der mit ihren Kälbern spielenden, bis zu 18 Meter langen Kühe und der miteinander rivalisierenden und kämpfenden Bullen ist ungemein eindrucksvoll. Nachts erfüllen die Rufe und Gesänge der mächtigen Säugetiere die Bucht. Damit niemand eine Walsichtung verpasst, bezahlt Hermanus seit Anfang der 1990er-Jahre einen Whale Crier, der mit seinem speziellen, aus Kelp und Tang geformten Horn mittels einem eigenen Signalcode die Position der Wale angibt.

WHALE WATCHING

Buckelwale beim sogenannten Breaching zu beobachten, wenn sie aus dem Wasser springen und sich krachend wieder fallen lassen, ist ein einmaliges Erlebnis (unten). Ein weiteres Zentrum des Whale Watching neben Hermanus ist Plettenberg Bay, wo Aktivitäten rund um die Walsichtungen angeboten werden, so beispielsweise auch Touren mit dem Seekajak, bei denen man hautnah an die riesigen Tiere heranpaddelt.

CAPE AGULHAS

»Kap der Nadeln« nannten die Portugiesen den südlichsten Punkt Afrikas, vermutlich wegen der spitzen Felsen, die das Kap säumen und der sturmumtosten Küste ein martialisches Aussehen verleihen. Das Klima und die Landschaft sind so unwirtlich, dass man fast meint, die Antarktis als Silhouette am Horizont zu erkennen. Mehrere Fischerorte teilen sich den Küstenabschnitt und die einsamen weißen Strände um das Kap. Hotagterklip ist beinahe so etwas wie ein Künstlerdörfchen mit seinen restaurierten und unter Denkmalschutz gestellten reetgedeckten Steinhäuschen. Die Kapmalaiensiedlung Arniston – oder »Waenhuiskrans«, wie der lokale Name lautet – hat eine besondere Naturattraktion: eine riesige, vom Meer aus dem Fels gewaschene Höhle, die nur bei Ebbe zugänglich ist. Neben Wasservögeln, darunter auch Pelikane, kann man hier Wale beobachten.

CAPE AGULHAS

Am Cape Agulhas, Afrikas südlichstem Punkt, treffen Atlantik und Indischer Ozean aufeinander. Der 27 Meter hohe Leuchtturm (beide Abbildungen) wurde erst 1848 errichtet, ist aber dennoch das zweitälteste sich noch im Betrieb befindliche Leuchtfeuer Südafrikas. Nur wenige Fischerdörfer wie Arniston sind an der stürmischen Küste zu finden; ein nahes Schiffswrackmuseum informiert über Unglücke.

DE HOOP NATURE RESERVE

Weiße Sanddünen und dunkler Fels prägen die Küstenlinie des De Hoop Nature Reserve, das ab Mitte der 1950er-Jahre durch den Ankauf von Farmland geschaffen und auf seine heutige Größe von 34 000 Hektar erweitert wurde. Da das Reservat einen Teil des von der UNESCO geschützten Cape Floral Kingdom mit seiner Fynbos-Vegetation umfasst, zählt es zum Weltnaturerbe. Auch maritime Gebiete vor der rund 70 Kilometer langen Küstenlinie, in denen sich regelmäßig Delfine aufhalten, gehören zum Naturschutzgebiet. De Hoop gilt als ausgezeichneter Platz für die Walbeobachtung, da jedes Jahr über 100 Südliche Glattwale an diesen Teil der Küste kommen, um zu kalben. Mit zahlreichen Antilopenarten wie dem scheuen Eland, Buntböcken und Kuhantilopen besitzt De Hoop auch eine interessante Population an Landsäugetieren.

DE HOOP NATURE RESERVE

Neben den Säugetieren zeigt sich ebenso die Reptilienwelt im Naturreservat artenreich, und da besonders die Schlangen. Um die stark giftigen Kapkobras (großes Bild: ein Jungtier) sollte man einen großen Bogen machen. Richtet sich das bis zu 1,70 Meter lange Tier auf, steht es kurz vor der Bissattacke. Die Vogelwelt ist friedlicher: Schillernd schön zeigt sich der Malachit-Nektarvogel (unten rechts).

KAPSTADT UND DIE KAPHALBINSEL

BONTEBOK NATIONAL PARK

Südafrikas kleinster Nationalpark wurde 1931 in der Nähe von Swellendamm eingerichtet, um die vom Aussterben bedrohten Buntböcke *(Damaliscus pygargus)* zu schützen und ihre Population zu stabilisieren. Gestartet wurde das 3500 Hektar große Reservat mit einem Bestand von 30 Tieren; heute durchstreifen rund 160 der auffällig mit weißer Blesse gezeichneten Antilopen das Areal. Bekannt ist der Park auch für seinen außerordentlichen Vogelreichtum. Von den vielen Beobachtungsplätzen aus ist es ein Leichtes, Seeadler, Paradieskraniche, Sekretäre, Würgeschnäpper und Haubenzwergfischer zu sehen. Die Lebensader des Parks ist der entlang seiner Südgrenze mäandernde Breede River, an dessen Ufer mehrere Aussichtspunkte liegen. Da auch dieser Nationalpark im Bereich des Cape Floral Kingdom liegt, begeistert er im Frühjahr mit einem spektakulären Blütenkleid.

BONTEBOK NATIONAL PARK

Unten: Buntböcke trifft man immer in Rudeln an, nur so können sie sich effizient gegen räuberische Jäger schützen. In starken Trockenzeiten raufen sie sich sogar zu Verbänden von mehreren Hundert Tieren zusammen. Links: Kap-Aloen durchbrechen mit ihren roten Blütentrauben die oft karge Vegetation im Nationalpark. Sie erreichen Höhen von bis zu 3 Metern und ihr Saft wird als Abführmittel eingesetzt.

MOSSEL BAY

Nach der meist stürmischen Umseglung des Kaps der Guten Hoffnung muss die »Muschelbucht« den frühen Seefahrern als rettender Hafen erschienen sein. Viele, angefangen bei Bartolomeu Diaz, der die Bucht 1488 entdeckte, bis hin zu Vasco da Gama, setzten hier Anker. Mossel Bay markiert den östlichen Punkt der Garden Route und ist ein beliebtes Ferienstädtchen. Vor allem das interessant gestaltete Museum zur Geschichte des Ortes, in dem ein Nachbau der Diaz-Karavelle zu sehen ist, zieht viele Besucher an. Der mächtige Milkwoodbaum im Garten dahinter diente den Schiffsbesatzungen als Briefkasten. Wer von West nach Ost segelte, hinterließ am Baum seine Post; Besatzungen in Gegenrichtung nahmen sie mit. Seit 1864 weist der St.-Blaize-Leuchtturm auf dem Felskap The Point Schiffen den Weg. Von ihm aus lassen sich Wale und Delfine vor der Küste beobachten.

Der St.-Blaize-Leuchtturm steht in exponierter Lage und wacht über die Wellen des Indischen Ozeans (rechts). Im Hafen von Mossel Bay stehen Segler aus aller Welt, bereits seit 1956 sorgt der hiesige Jachtclub für gute Atmosphäre (unten).

OUTENIQUA CHOO-TJOE

Vier Jahre, von 1924 bis 1928, dauerte der Bau der 68 Kilometer langen Schmalspurtrasse von George nach Knysna. Sie verläuft teils in atemberaubender Höhe und Ausgesetztheit entlang der Küste und parallel zur Garden Route und überquert auf der kurzen Strecke sieben Schluchten, durch die sich Flüsse ihren Weg von den Outeniqua-Bergen zum Meer bahnen. Für Reisende bedeutete die Eröffnung der Bahnlinie eine ungemeine Erleichterung, war doch die Straße zwischen den beiden Orten wegen Überschwemmungen häufig nicht passierbar. Seit 1992 beförderte der Outeniqua Choo-Tjoe, so benannt nach dem Schnaufen seiner Dampflokomotive, allerdings nur noch Touristen. Der Museumszug war ungemein beliebt, bot die Fahrt doch fantastische Ausblicke auf die Küste. 2006 kam das vorläufige Aus für die Attraktion. Ein Erdrutsch unterbrach die Strecke, die seither nicht wiederhergestellt werden konnte.

Mit dem Dampfzug Outeniqua Choo-Tjoe (beide Abbildungen: Auf der Brücke über den Kaaimans River) tuckerte man bis 2006 nostalgisch an der Garden Route entlang.

MOSSEL BAY

OUTENIQUA CHOO-TJOE

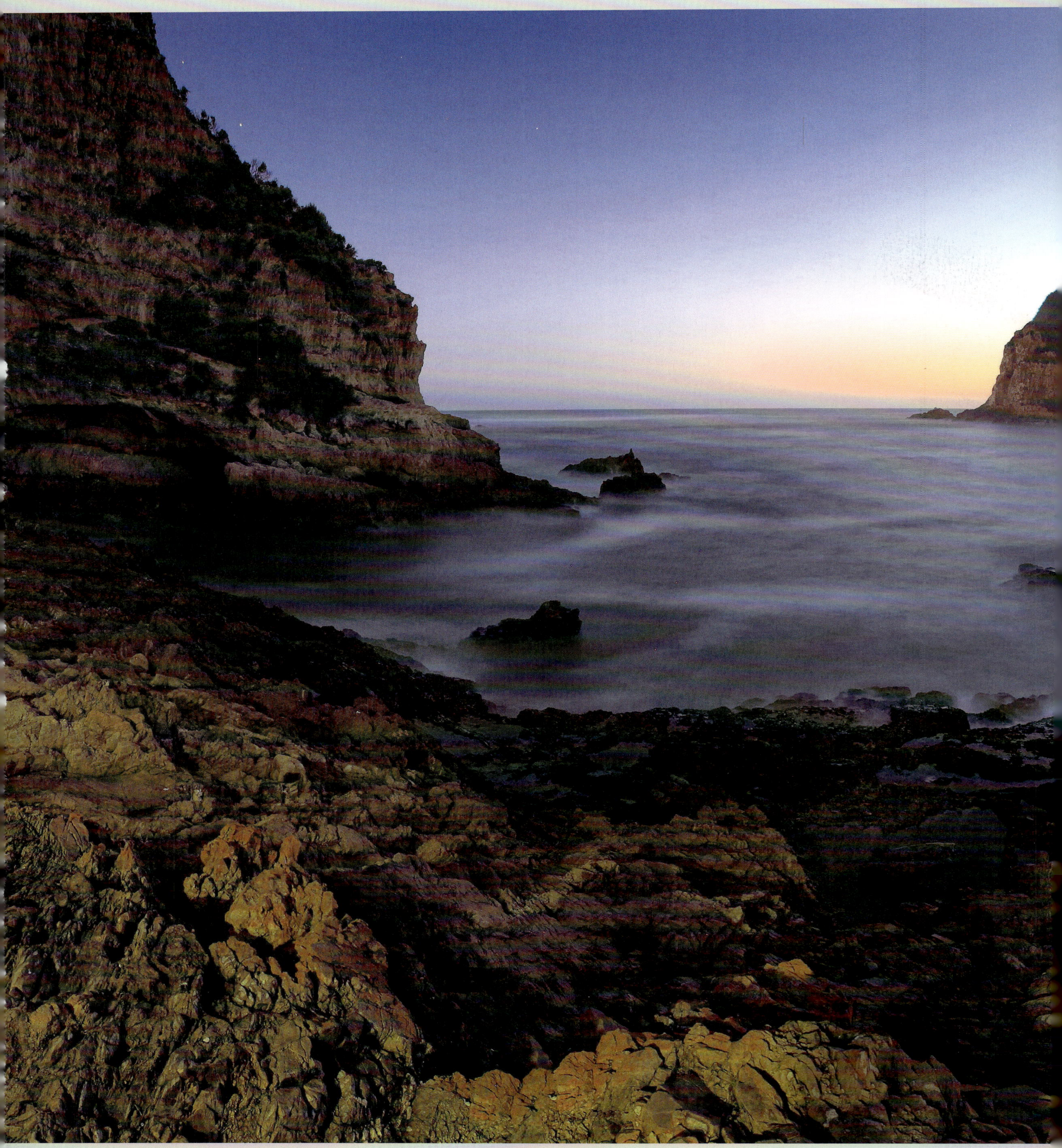

GARDEN ROUTE

GARDEN ROUTE

Südafrikas berühmteste und landschaftlich reizvollste Straße, die Garden Route, verläuft rund 200 Kilometer zwischen Mossel Bay und Storms River entlang der buchtenreichen Küste des Indischen Ozeans. Zu den Sehenswürdigkeiten am Wegesrand gehört die Lagune um Knysna; von der Felsanhöhe des Knysna Head bietet sich ein fantastischer Blick auf sie. Der Knysna Forest im Hinterland ist Südafrikas größtes Waldgebiet und Heimat von bis zu 800 Jahre alten Steineiben sowie der nahezu ausgerotteten Waldelefanten. Plettenberg Bay ist das bekannteste Strandbad an der Garden Route; Ferienhotels und elegante Strandvillen säumen die puderweißen Strände der Bucht. Im Südwinter kommen Wale hierher, um ihre Jungen zu gebären. Im Tsitsikamma National Park steht ein Abschnitt der mit Urwäldern bestandenen Küste unter Naturschutz.

GARDEN ROUTE

Die Garden Route von Kapstadt bis Port Elizabeth und retour durch das Landesinnere führt zu landschaftlichen Höhepunkten wie der Knysna-Lagune und der Plettenberg Bay. Tropische Wälder, Traumstrände, romantische Felsklippen und wildreiche Nationalparks liegen am Weg. Unten: Küste bei Noordhoek in der Nähe von Kapstadt; Folgeseiten: Felsen und vorgelagerte Insel bei Knysna.

GARDEN ROUTE

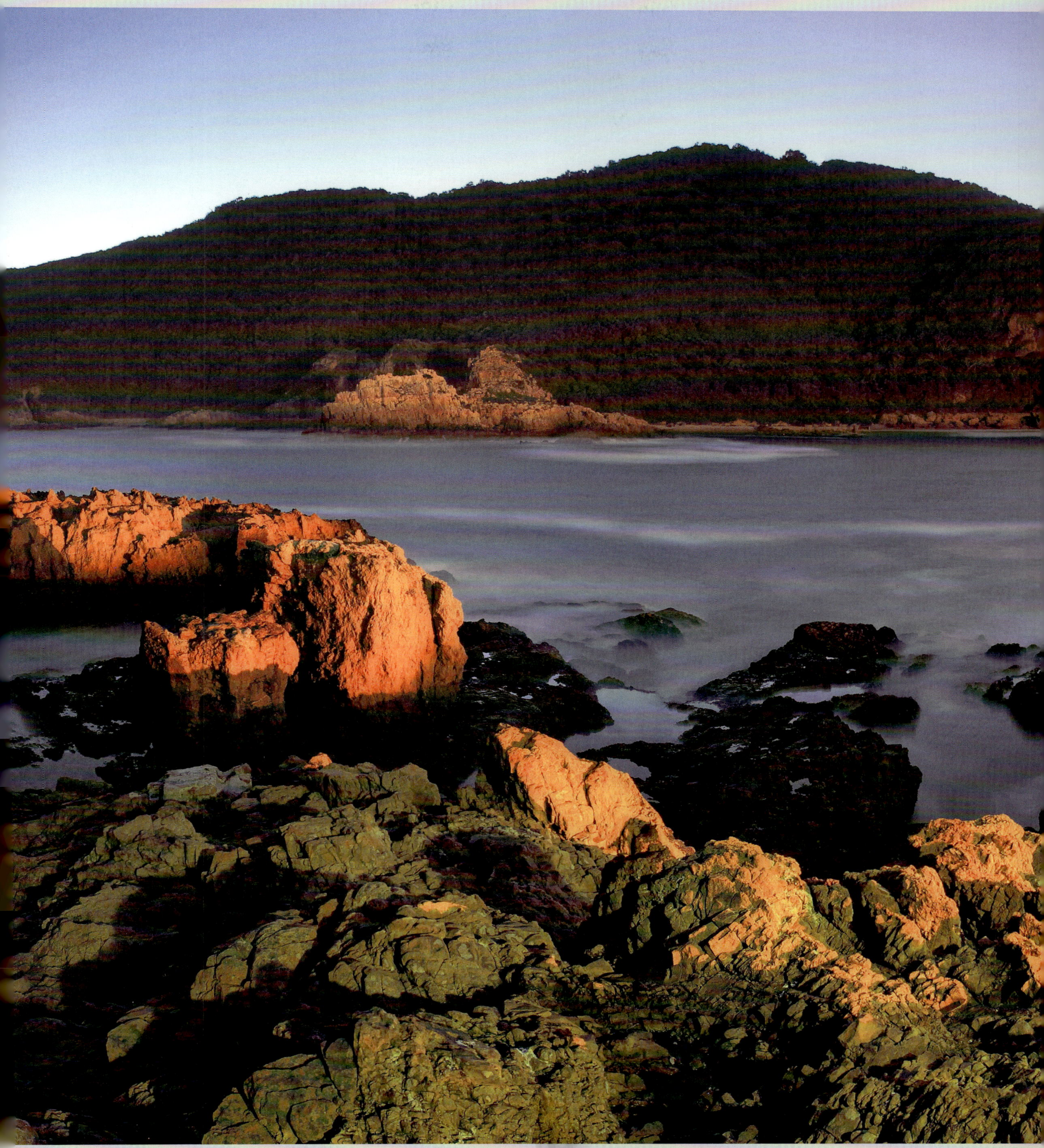

KNYSNA

Im Rücken die grün bewachsenen Outeniqua-Berge, vor sich eine weit verzweigte Lagune, die zwei markante Felsen, die Knysna Heads, vom Meer abgrenzen: Knysnas Lage ist einzigartig. Umso erstaunlicher, dass der Ort erst relativ spät, zu Beginn des 19. Jahrhunderts, gegründet wurde. Maßgeblich an der Entwicklung Knysnas beteiligt war der geheimnisvolle Geschäftsmann George Rex, der ab 1803 Land aufkaufte und investierte. Hartnäckig halten sich Legenden, er sei ein unehelicher Sohn des englischen Königs Georg III. gewesen. Rex ist der Ausbau des Hafens zu danken, über den die Ostindien-Kompanie Baumstämme, die in den damals noch dichten Küstenwäldern geschlagen wurden, abtransportierte. Mit Eröffnung der Outeniqua-Bahnlinie wurde der Hafen überflüssig und 1954 endgültig geschlossen. Seither setzt man in Knysna auf Austernzucht und Tourismus.

KNYSNA

An vielen Stellen haben die Flüsse, die vom Hochland Südafrikas kommen und in den Indischen Ozean münden, tiefe Lagunen in die Küste modelliert und so das Wasser mit dem Land wunderbar vermählt. Der Zugang vom stürmischen Indischen Ozean zur friedlichen Knysna Lagoon wird von den Knysna Heads, zwei gigantischen Sandsteinklippen, abgeschirmt (links).

KNYSNA FOREST

Als sich die ersten Siedler um die Bucht von Knysna niederließen, war die Region dicht mit Urwäldern bestanden, die große Elefantenherden durchstreiften. Abholzung und Brände haben schließlich dazu geführt, dass man die ihres ursprünglichen Pflanzenkleides beraubte Küste aufforsten musste. Deshalb besteht der größte Teil des Knysna Forest heute aus Monokulturen, vornehmlich mit Eukalyptus und Pinie. Dort, wo der alte Baumbestand gerettet werden konnte, sind mehrere Hundert Jahre alte, mit Moosen und Lianen bewachsene Yellow- und Stinkwood-Baumriesen und Baumfarne Zeugen der einstigen Pflanzenvielfalt. Im Forst leben auch seltene Vogelarten wie der scheue, saphirblaue Helmturako; durch das Unterholz streifen Antilopen, und es heißt, dass man mit Glück auch einem der Waldelefanten begegnen kann, die dem Abschuss durch Wilderer entkommen sind.

KNYSNA FOREST

Im üppigen Dickicht des Knysna Forest haben zwischen den Farnen und Steineiben zahlreiche Tierarten ein Zuhause gefunden. Darunter sind auch endemische Arten wie der Knysna-Turako mit seinem herrlich grünen Gefieder, Affen wie der Weißhandgibbon, der in der Primatenschutzstation Monkeyland lebt, und der Kapweber, der sich hier auf einer Südafrikanischen Baumfuchsie eingerichtet hat (Bildleiste von oben).

PLETTENBERG BAY

»Bahia formosa« – »schöne Bucht« – nannten die portugiesischen Seefahrer, die im 15. Jahrhundert erstmals das Kap der Guten Hoffnung umrundeten, den heutigen, malerischen Ort Plettenberg Bay. Er wurde im 17. Jahrhundert als Verladestation von im Hinterland geschlagenem Holz gegründet. Obwohl sicherlich bereits damals regelmäßig Wale diesen Teil der südafrikanischen Küste aufsuchten, ist eine professionell betriebene Walfangstation hier erst für Anfang des 20. Jahrhunderts dokumentiert. Allerdings war ihr kein großer Erfolg beschieden – ein Segen für die Tierwelt. Heute schmückt sich Plettenberg Bay mit dem Titel einer »Wal-Hauptstadt der Welt«, und tatsächlich sind die Möglichkeiten der Walbeobachtung hier ungewöhnlich gut. Brydewale und die saisonal auftauchenden Südlichen Glattwale und Buckelwale lassen sich bequem vom Strand aus beobachten.

PLETTENBERG BAY

Plettenberg Bay lockt mit seinen schönen Sandstränden im Südsommer (Dezember bis März) viele Sonnenanbeter an die Küste. Etwa zur selben Zeit bekommen die Gewässer um Plettenberg Besuch von Buckelwalen. Seine Verwandten, die Südlichen Glattwale, bevorzugen kältere Temperaturen und kommen im Südwinter (Juni bis September). Immer wohl fühlen sich hier Delfine.

KAPSTADT UND DIE KAPHALBINSEL

AUF DER STRAUSSENFARM

Immer mehr Farmer steigen von den anspruchsvollen Rindern auf die relativ einfach zu haltenden Strauße um. In Südafrika schätzt man die Zahl der Zuchtstrauße auf eine Viertelmillion; Zentrum der Straußenzucht ist das Städtchen Oudtshoorn. Aber nicht nur das Straußenfleisch ist mittlerweile eine begehrte Delikatesse, auch Taschen oder Schuhe aus Straußenleder werden teuer gehandelt; Straußeneier dekoriert man mit kopierten Buschmannzeichnungen oder Lochmustern als Lampenschirme; die Federn werden zu eleganten Boas oder einfach zu Staubwedeln verarbeitet. In der afrikanischen Mythologie spielt der Strauß meist die Rolle des etwas überheblichen, ziemlich dummen Tieres. Die Buschleute (San) verstehen es, seine Verhaltensweisen geschickt nachzuahmen. So locken sie zum Beispiel Straußenmütter mühelos von ihren Nestern, indem sie vorgeben, ein verirrtes Junges zu sein. Ist die Henne abgelenkt, werden die Eier geplündert; diese gelten bei den San als Delikatesse und als ein wichtiger Eiweißlieferant. Gefürchtet ist die Schnelligkeit und Kampfstärke des Tieres. Die bis zu drei Meter großen Strauße können im Sprint Geschwindigkeiten von bis zu 70 Stundenkilometern erreichen und mit einem Schlag ihrer mit messerscharfen Krallen bewehrten Füße einen erwachsenen Menschen töten.

AUF DER STRAUSSENFARM

Die ariden Regionen des südlichen Afrika eignen sich ideal für die Straußenzucht. Die Farmer müssen relativ vorsichtig im Umgang mit ihnen und einigermaßen robuste Zeitgenossen sein, denn ihre nicht ungefährlichen Vögel scheuen sich keineswegs, den Schnabel und vor allem die krallenbewehrten Füße einzusetzen, wenn sie sich bedrängt fühlen. Den Kopf in den Sand steckt der Strauß übrigens nicht.

LITTLE KAROO

Kuru, trocken, war die Karoo für die Jäger und Sammlergemeinschaften der San, die sich die Halbwüste mit den Rinder und Schafe züchtenden Nama teilten. Beide Gruppen führten ein Leben als Halbnomaden und blieben in diesem harschen Lebensraum relativ lange unbehelligt von anderen Völkern. Erst zu Beginn des 19. Jahrhunderts zeigten Siedler Interesse an der Region, weil sie sich gut für die Schafzucht eignete. Geografisch unterscheidet man zwischen Großer Karoo, die sich im Westen Südafrikas nach Norden bis Namibia erstreckt, und der Kleinen Karoo nördlich der Outeniqua-Berge. Hier fällt in den Wintermonaten ausreichend Regen für den Anbau von Getreide, Obst und sogar Wein. In der sanft gewellten und von Gebirgszügen eingerahmten Landschaft vermitteln historische Farmhäuser und verschlafene Städtchen das Bild längst vergangener Zeiten.

LITTLE KAROO

Das satte Grün und das warme Braun täuschen eine idyllische Hirtenlandschaft vor. Tatsächlich ist die Karoo ein so abweisendes Land, dass es lange Zeit niemand außer den Völkern der Khoi und der San besiedeln wollte. Dafür ist diese gottverlassene Gegend ein Paradies für Astronomen. Hier haben sie meist einen klaren Himmel, müssen sich mit keiner Lichtverschmutzung plagen und haben freien Blick ins All.

LITTLE KAROO

LITTLE KAROO

Eine natürliche Steinbrücke in den Red Stone Hills bei Calitzdorp gibt den Blick über die Kleine Karoo frei.

SWELLENDAM

CANGO CAVES

SWELLENDAM

Wunderbar erhaltene kapholländische und viktorianische Architektur verströmt in Swellendam das Flair vergangener Jahrhunderte. Die Stadt wurde bereits 1745 von der Holländisch-Ostindischen Gesellschaft am Fuß der Langeberg Mountains gegründet. Als Mittelpunkt einer Schafzuchtregion entwickelte sich der Ort bis zur Mitte des 19. Jahrhunderts zu einem Zentrum der Wollverarbeitung. Auf den Flussschiffen des Breede River gelangten die Waren zur Küste. Als klassisches Beispiel für den kapholländischen Baustil gilt die 1747 errichtete Drostdy, der damalige Sitz des Landvogts. Zusammen mit mehreren anderen restaurierten Bauten bildet sie heute einen sehenswerten Museumskomplex. Vom Beginn des 20. Jahrhunderts stammt das strahlend weiße Gotteshaus der niederländisch-reformierten Kirche. Zum reizenden Stadtbild tragen auch die vielen Grünflächen und die Schatten spendenden Bäume, darunter zahlreiche Jakarandas, bei.

Das Drostdy-Museum vermittelt nicht nur architektonisch einen Einblick in die Geschichte der Region (links). Unten: Farmland bei Swellendam.

CANGO CAVES

Das Höhlensystem der Cango Caves gehört schon lange Zeit zu den bedeutendsten touristischen Attraktionen Südafrikas. Es wurde bereits im Jahr 1820 unter Naturschutz gestellt und hatte als erste Sehenswürdigkeit des Landes ab 1891 einen eigens dafür angestellten Fremdenführer. Diesem Johnnie van Wassenaar sind auch zahlreiche Entdeckungen von Nebenhallen und -gängen in diesem Höhlensystem zu verdanken, von dem mittlerweile etwa fünf Kilometer erforscht sind. Werkzeugfunde belegen, dass die Cango Caves seit rund 80 000 Jahren von Menschen genutzt werden. Eine seltsame Höhlenmalerei, die, einander überlagernd, eine Elenantilope und einen Elefanten darstellt, aber in völliger Finsternis angebracht wurde, gibt bis heute ebenso Rätsel auf wie der Fund dreier Ginsterkatzenskelette tief unter der Erde und die Entdeckung von im Kalkstein eingeschlossenen Fledermäusen.

Die Cango Caves zählen zu den größten Schauhöhlen der Welt. Ihr aus Stalaktiten und Stalagmiten aufgebautes unterirdisches Reich kannten bereits Steinzeitmenschen als Unterschlupf.

SWARTBERG NATURE RESERVE

Den ersten Siedlern in der Grenzregion zwischen Kleiner und Großer Karoo erschien die bis 2325 Meter Höhe emporwachsende und 200 Kilometer lange Gebirgskette schwarz; sie nannten sie Groot Swartberg, Großer Schwarzberg. Aus der Nähe betrachtet erweisen sich die Swartberge allerdings eher als von rötlichem Gestein und dunkler Fynbos-Vegetation geprägt. Wegen des charakteristischen Pflanzenkleides, das der Kapflora zugerechnet wird, zählen die Swartberge zum UNESCO-Weltnaturerbe. Eine in kühnen Serpentinen geführte, aussichtsreiche und nur zum Teil asphaltierte Straße überquert die Berge. Scheitelpunkt der Ende des 19. Jahrhunderts angelegten Transversalen ist der 1568 Meter hoch gelegene Swartberg Pass. Zeugnisse der San, die lange vor den europäischen Siedlern das Gebirge durchstreiften, sind zahlreiche Felsbilder in Höhlen und unter Überhängen.

SWARTBERG NATURE RESERVE

Sie bringt so schnell nichts aus der Ruhe: Die Pantherschildkröte (links) trotzt wechselnden Temperaturen und heftigen Winden mit der ihr angeborenen Gleichmut. Als Wüstenbewohner muss man vor allem Geduld und Ausdauer mitbringen und darf nicht allzu viel Energie für unnötige Bewegungen verschwenden – eine Strategie, die das wechselwarme Tier bis zur Perfektion beherrscht.

GREAT KAROO

Die Faszination einer Halbwüste erschließt sich besonders im Spiel von Licht und Schatten, wenn die aufgehende Sonne am Morgen bizarr verwachsene Sukkulenten in geheimnisvolle Wesen verwandelt oder die von widerstandsfähigem, bräunlichem Gras bestandenen Ebenen mit goldenem Licht überzieht. Als »Land des Durstes« bezeichneten die khoisprachigen Rinder- und Schafzüchter die Große Karoo. Es gibt nur wenige natürliche Wasserstellen, und Regenfälle sind selten. Trotzdem siedelten sich in der Halbwüste Farmer an. Sie pumpten das Wasser aus tieferen Erdschichten mit Windrädern nach oben und ließen genügsame Schafe und Ziegen weiden. Dass die Karoo gar nicht so unfruchtbar ist, wie es auf den ersten Blick erscheint, wird nach Regenfällen deutlich. Die Pflanzen erwachen aus ihrem Trockenheitsschlaf und überziehen die Wüste mit einem Blütenmeer.

GREAT KAROO

Inselberge wie der markante Spandaukop, skulpturartige Erosionsformen wie bei Beaufort West, mit Dornbüschen bestandene Ebenen und immer wieder grüne, wasserreiche Täler – all das prägt die faszinierende Landschaft der Großen Karoo. Wechselnde Licht- und Wetterstimmungen tun ein Übriges, um der endlos scheinenden Landschaft immer wieder neue Ansichten zu bescheren.

KAROO NATIONAL PARK

Dem Schutz der besonderen Flora der Karoo und der Wiedereinführung früher hier lebender Wildarten hat sich der 1979 gegründete Karoo-Nationalpark bei Beaufort West verschrieben. Die extensive Weidewirtschaft der Schaf- und Ziegenfarmer hatte das empfindliche Gleichgewicht der Großen Karoo so stark geschädigt, dass sie sich in Wüste zu wandeln drohte. Im Nationalpark haben Sukkulenten und die charakteristischen Bossies, die Karoo-Büsche, die Möglichkeit, sich von der Beweidung zu erholen. Auf rund 80 000 Hektar finden sich verschiedene Vegetationsformen, wie sie für die tiefer gelegenen Ebenen, aber auch für die bis 1911 Meter hohen Nuweveldberge typisch sind. Kuhantilopen, Weißschwanzgnus, Elands, Kudus, Oryxantilopen, Springböcke und Steppen- sowie Bergzebras sind im spärlich bewachsenen Land leicht zu erspähen.

KAROO NATIONAL PARK

Zähe Tiere wie dieser elegante Klippspringer (eine kleine Antilopenart, unten) oder die mächtigen Strauße (links) fühlen sich in der 500 000 Quadratkilometer großen Halbwüste wohl, deren Name sich passenderweise vom Wort der San für »trocken« ableitet. Auch mehrere Löwen aus benachbarten Nationalparks hat man mittlerweile in der Karoo ausgewildert.

CAMDEBOO NATIONAL PARK, VALLEY OF DESOLATION

Auch dieser Nationalpark schützt die empfindliche Karoo-Flora und das Wild, das vor Ankunft der Schaffarmer in großen Herden durch die Halbwüste streifte und nun wiedereingeführt wurde. Das knapp 20 000 Hektar große Schutzgebiet umschließt das Karoo-Städtchen Graaff-Reinet nahezu vollständig und reicht im Norden bis an die Hänge der Sneeuberge. Langfristig soll es mit dem benachbarten Mountain Zebra Park zu einem einzigen, großen Schutzareal zusammengefasst werden. Eine besondere landschaftliche Attraktion stellt das Valley of Desolation dar. In der schroffen Schlucht haben die Kräfte der Erosion Gesteinsschichten abgetragen und deren harte Doleritkerne freigelegt, die das Tal wie ein Wald von 90 bis 120 Meter hohen Säulen säumen. Von verschiedenen Aussichtspunkten über dem Valley reicht der Blick in die schier endlose Weite der Großen Karoo.

CAMDEBOO NATIONAL PARK, VALLEY OF DESOLATION

Das Valley of Desolation (deutsch: Tal der Trostlosigkeit, beide Abbildungen) hört heute besser auf seinen Spitznamen »Kathedrale der Berge«, denn die Landschaft wirkt alles andere als trostlos und verwüstet. Die bizarren Felsnadeln schmiegen sich hufeisenförmig an den Sundays River, der sie aus dem Stein gewaschen hat. Mit Glück sieht man riesige Kaffernadler durch die Lüfte schweben.

MOUNTAIN ZEBRA NATIONAL PARK

Das Schutzgebiet für eine Unterart des Bergzebras, des Kap-Bergzebras, wurde 1937 eingerichtet, als in der Region nur noch eine Handvoll dieser seltenen Tiere lebte. Heute ist die Population auf rund 700 Exemplare angewachsen. Kenntlich sind Bergzebras an ihrer Fellzeichnung – die Streifen verlaufen, anders als bei ihren in der Steppe lebenden Verwandten, nur an den Beinen quer zur Streifenrichtung am Rücken. Sie sind außerdem breiter und dunkler als beim Steppenzebra, die hellen Abstände dazwischen sind kleiner und der Bauch ist weiß und streifenfrei. Bergzebras gelten als gute Kletterer und leben bevorzugt in felsigen Regionen. Neben Bergzebras wurden Spitzmaulnashörner, Büffel, Geparde und vor Kurzem auch Löwen im Nationalpark ausgewildert. In der hauptsächlich mit niedrigem Busch und Gras bestandenen Karoolandschaft sind die Tiere gut zu beobachten.

MOUNTAIN ZEBRA NATIONAL PARK

Auf die Streifen kommt es an: Beim Bergzebra sind die dunklen Streifen meist breiter als beim Steppenzebra, daher wirkt es insgesamt dunkler. Es fehlen zudem die helleren Schattenstreifen und sein Bauch ist gänzlich weiß, anders als bei seinem nördlicheren Verwandten. Unterschieden wird bei dieser Spezies auch nochmals in zwei Unterarten, das Hartmann- und das Kap-Bergzebra (beide Abbildungen).

OSTKAP

Eine zerklüftete, von Mangrovensümpfen und Urwäldern gesäumte Küste und das ländliche Grasland der ehemaligen Transkei prägen das kaum industrialisierte Ostkap mit den beiden Hafenstädten East London und Port Elizabeth. Über drei Viertel der Bevölkerung gehören der Volksgruppe der Xhosa an, deren traditionelle Rundhüttendörfer sich harmonisch in die Landschaft fügen. Viehzucht und Landwirtschaft bilden nach wie vor die Haupteinnahmequelle der Bevölkerung. Berühmtester Sohn der Transkei war Südafrikas erster frei gewählter Präsident, Nelson Mandela.

Die Morgenröte spiegelt sich in den Gezeitentümpeln am felsigen Ufer der Dwesa-Cwebe Marine Protected Area. Das Schutzgebiet, das neben Landfläche mit üppigen Wäldern auch 190 Quadratkilometer Meeresfläche umfasst, soll die Biodiversität der Region bewahren.

GARDEN ROUTE NATIONAL PARK (TSITSIKAMMA NATIONAL PARK)

»Klares Wasser« – »Tsitsikamma« – nannten die Khoikhoi den Küstenabschnitt, der sich von Plettenberg Bay rund 80 Kilometer nach Osten erstreckt. Seit 1964 stehen die unzugängliche Küste und die reiche Unterwasserwelt zwischen den Sandbuchten von Nature's Bay und der Mündung des Storms River unter Schutz – bis 2009 als eigenständiger Nationalpark, nun als Bestandteil des neu gegründeten Garden Route National Park, für den das geschützte Gebiet mit weiteren (Wilderness National Park, Knysna National Lake Area) zusammengelegt wurde. In Küstennähe findet man Fynbos mit vielen farbenprächtigen Proteen; in einigen Tälern steht noch richtiger Urwald mit mächtigen Steineiben. Ein ganz besonderes Erlebnis sind Canopy-Touren – Wanderungen durch die Kronen der Urwaldriesen, die mittels Lianen und Hängebrücken miteinander verbunden wurden.

GARDEN ROUTE NATIONAL PARK (TSITSIKAMMA NATIONAL PARK)

Der seit 2009 in den Garden Route National Park integrierte Tsitsikamma National Park (alle Abbildungen) vereint unterschiedlichste Landschaften: das aride, felsige Küstenland, die Dünen des Nature's Valley und Regionen mit dichtem Urwaldbewuchs. Auch das Meer steht unter Naturschutz. Davon profitieren auch die Landbewohner wie das Südliche Zwergchamäleon und der Fiskalwürger (Bildleiste von oben).

GARDEN ROUTE NATIONAL PARK (TSITSIKAMMA NATIONAL PARK)

GARDEN ROUTE NATIONAL PARK (TSITSIKAMMA NATIONAL PARK)

Eine Landschaft, die aussieht, als habe sie Frieden geschlossen mit sich selbst und der um sie tosenden Welt: der Tsitsikamma National Park.

PORT ELIZABETH

Die Stadt an der Ostküste des Kaps ist eine noch relativ junge: Im Jahr 1820 gründeten britische Auswanderer an der Algoa Bay jene Siedlung, die Gouverneur Rufane Donkin dann nach seiner Frau benannte. Obwohl in PE, wie die Einheimischen Port Elizabeth nennen, zahlreiche viktorianische Bauten – wie Rathaus, Bibliothek und die sogenannten Donkin Street Houses – erhalten blieben, befriedigt die Stadt mit ihrer modernen Hochhaussilhouette auf den ersten Blick nicht eben Nostalgiebedürfnisse. Neben seiner Bedeutung als wichtigster Standort von Südafrikas Automobilindustrie ist Port Elizabeth ein beliebter Bade- und Ferienort. Denn hier am Indischen Ozean erweisen sich die Wassertemperaturen als wesentlich angenehmer als die des kühleren Atlantiks etwa bei Kapstadt. Die weitläufigen Sandstrände südlich des Zentrums sind im Sommer immer gut besucht.

PORT ELIZABETH

Richtig putzig wirken die Donkin Street Houses im sonst eher modernen Port Elizabeth, auch an der Waterfront sind noch einige recht sehenswerte historische Bauten erhalten (links). Das Rathaus am Market Square (unten) bildet das Zentrum der Innenstadt, gegenüber der City Hall stehen die Bibliothek und die St. Marys Church. Der gesamte Komplex wurde nach einer Umgestaltung 1977 zur Fußgängerzone deklariert.

OSTKAP 151

ALGOA BAY

Als erster Europäer ankerte der Portugiese Bartolomeu Diaz 1488 in der weiten Algoa Bay und nannte sie Bahia de Lagoa, Lagunenbucht. Seine Weiterfahrt nach Osten verhinderte eine Meuterei der Mannschaft, die sich sicher war, am Rande der Welt angekommen zu sein. Aus den ersten Siedlungen, die in den 1820er-Jahren an der Algoa Bay entstanden, entwickelte sich die bedeutende Hafenstadt Port Elizabeth. Im Gegensatz zu der weitgehend bebauten Küstenlinie sind die flachen und felsigen Inselgruppen in der Bucht Naturparadiese: Auf ihnen leben Brillenpinguine und Kapscharben (St. Croix), Kaptölpel brüten in großer Zahl auf Bird Island, Antipodenseeschwalben, Dominikanermöwen und Schwarze Austernfischer sind ebenfalls zu beobachten. Zwischen Juli und November versammeln sich Buckelwale und Südliche Glattwale zu Geburt und Aufzucht der Kälber in der Bucht.

ALGOA BAY

Im Wasser wesentlich flinker als an Land sind die Brillenpinguine unterwegs (links), die durch abrupte Richtungswechsel Beute – und auch Angreifer – irritieren können. Die auf Bird Island zu Tausenden brütenden Kaptölpel (unten) sind ebenfalls schnelle Taucher. Die Vögel zeigen keine Scheu vor Menschen und lassen Besucher der kleinen Insel mit ihrem Informationszentrum dicht an sich heran.

OSTKAP

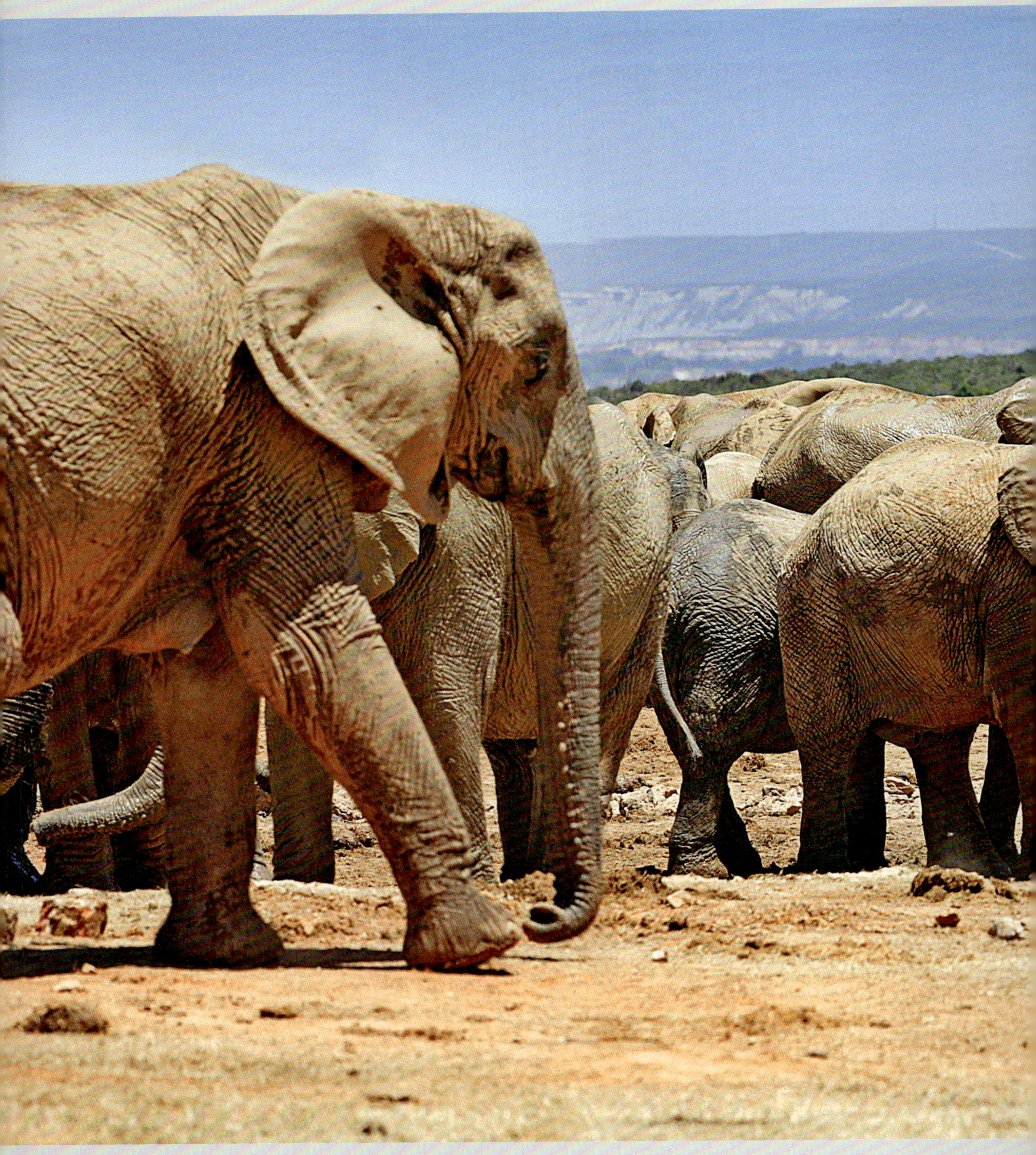

ADDO ELEPHANT NATIONAL PARK

ADDO ELEPHANT NATIONAL PARK

Die Elefanten des Addo Elephant National Park gelten als die am südlichsten lebenden Dickhäuter Afrikas. Ihr eingeschränkter Genpool ist dafür verantwortlich, dass die Tiere etwas kleiner sind als ihre weiter nördlich lebenden Artgenossen und auch deutlich schwächere Stoßzähne haben. Bei einigen Weibchen sind diese kaum zu erkennen. Kap-Büffel, Spitzmaulnashörner, Elenantilopen, Kudus und Ducker lassen sich am besten an den Wasserstellen beobachten. Die erst 2003 ausgewilderten Löwen und Tüpfelhyänen haben sich gut eingelebt. Seit 1995 gehört das Zuurberg-Gebiet mit seinem Bestand an Bergzebras und Leoparden zum Nationalpark. Dank der Einbeziehung eines Meeresschutzgebiets mit den Inselgruppen St. Croix und Bird Island ist Addo nicht nur Heimat der »Big Five«, sondern der »Big Seven«, also auch von Walen und Weißen Haien.

ADDO ELEPHANT NATIONAL PARK

Berühmt ist der Nationalpark für seine Kap-Elefanten. Im Jahr 1931, als der mit 1640 Quadratkilometern Fläche größte Nationalpark am Eastern Cape eingerichtet wurde, lebten hier nur noch elf Kap-Elefanten. Heute ist der Bestand auf rund 500 Tiere angewachsen. Bis zu 100 Liter Wasser muss ein Elefant jeden Tag trinken. Da ist es kein Wunder, dass es an den Wasserlöchern eng werden kann (Folgeseiten).

ADDO ELEPHANT NATIONAL PARK

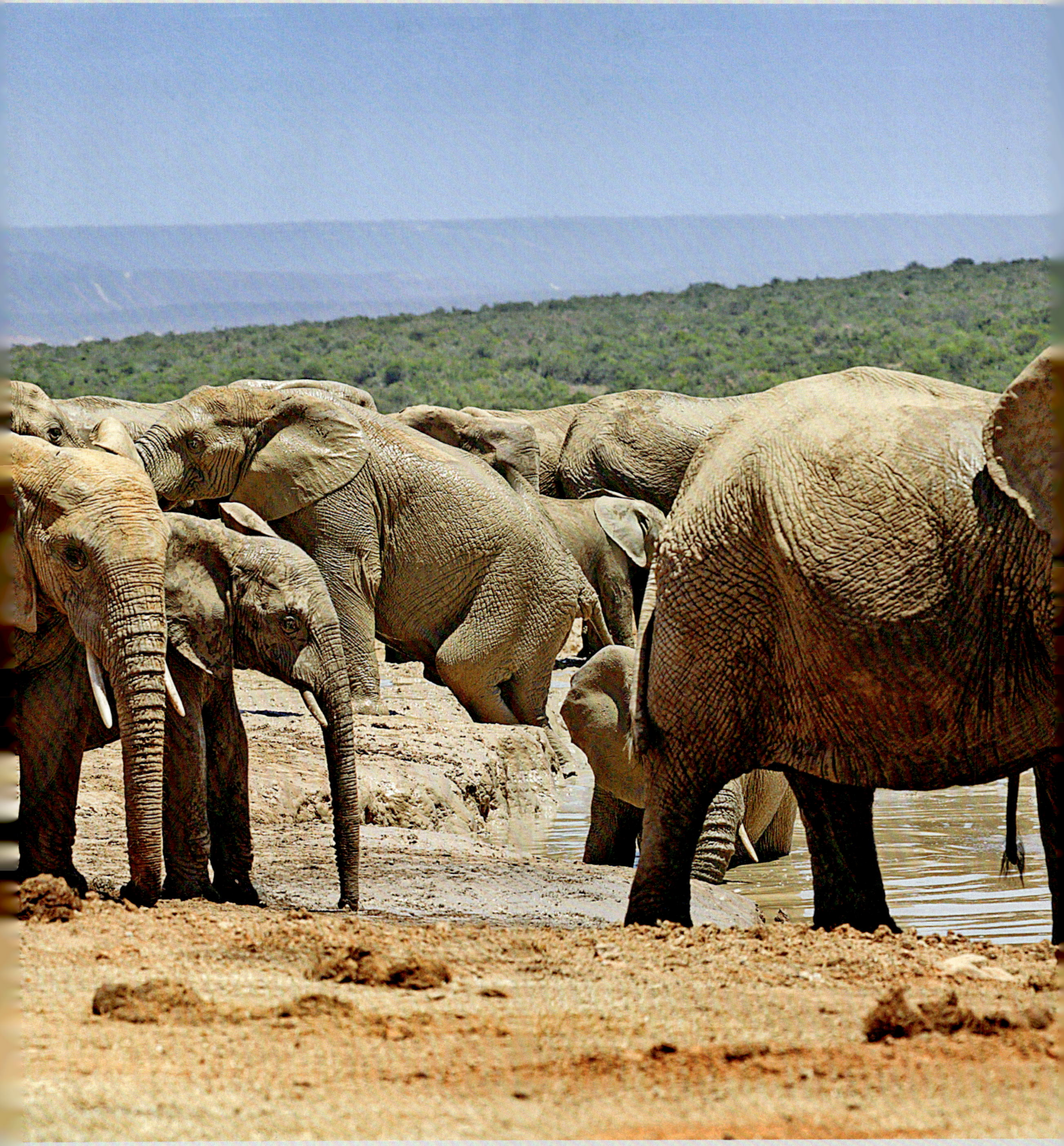

ADDO ELEPHANT NATIONAL PARK

ADDO ELEPHANT NATIONAL PARK

Mehr als nur Elefanten: Auch Meerkatzen, Nektarvögel, Dorfweber, Erdmännchen, Schakale, Karakale und Kuhantilopen sind hier heimisch.

OSTKAP

DIE »BIG FIVE«: AFRIKANISCHE BÜFFEL

Ein kompakter, bis zu 800 Kilogramm schwerer Körper, geschwungene Hörner, die der charakteristische Knochenwulst verbindet, und geringe Behaarung kennzeichnen eines der größten und am weitesten verbreiteten Wildtiere Afrikas. Die Bezeichnung »Kaffernbüffel«, abgeleitet vom Gattungsnamen *Syncerus caffer*, gilt als inkorrekt, da Kaffer im südlichen Afrika häufig als Schimpfwort für Schwarze gebraucht wurde. Bei den in Südafrika lebenden Tieren handelt es sich um die Steppenbüffel genannte Unterart. Büffel durchstreifen in Herden von 30 bis 60 Tieren ein festes Territorium. Bullen sind oft Einzelgänger und schließen sich den Herden nur zeitweilig an. Die Tiere haben außer dem Menschen so gut wie keine natürlichen Feinde. Löwen schaffen es nur selten, einen Büffel zu reißen, es sei denn, er ist krank und geschwächt oder es gelingt ihnen, sich überraschend ein Kalb zu schnappen. Wenn Büffel sich in die Enge getrieben oder angegriffen fühlen, reagieren sie extrem aggressiv. Lange Zeit glaubte man, dass Büffel für den Menschen gefährlicher seien als Löwen. Da Büffel zu den Big Five, den fünf am schwersten bzw. gefährlichsten zu jagenden Säugetieren Afrikas, gerechnet werden, standen und stehen sie ganz oben auf der Wunschliste von Großwildjägern. Sie sind in ihrem Bestand aber nicht gefährdet.

DIE »BIG FIVE«: AFRIKANISCHE BÜFFEL

Symbiotische Gemeinschaft: Die kleinen Madenhacker (links) leben quasi auf den Rücken der der Büffel und befreien diese von Mückenlarven, Zecken und anderen Insekten, die sich ins dichte Fell der Tiere eingenistet haben. Auch warnen sie ihre Wirtstiere vor räuberischen Angreifern. Wobei der Afrikanische Büffel vor allem den Mensch fürchten muss, ausgewachsenene Tiere kann ein Löwe nicht reißen.

SHAMWARI GAME RESERVE

Das mit Preisen für Nachhaltigkeit und Qualität ausgezeichnete, 250 Quadratkilometer große Wildschutzgebiet Shamwari kann seit seiner Gründung 1992 auf große Erfolge verweisen. Das ehemalige Farmland, das seines natürlichen Pflanzenkleides beraubt war, ist heute wieder dicht mit Busch und lichten Wäldern bestanden, die eine erstaunliche Artenvielfalt beherbergen. Ausgewilderte Tiere wie Spitzmaulnashörner, Bergzebras und Löwen durchstreifen die Savanne, und in zwei Rehabilitierungszentren haben Wildtiere eine Heimat gefunden, die aus Zoos oder Zirkussen gerettet werden konnten. Ein besonderes Augenmerk legt Shamwari auf den Schutz seiner Nashörner. Da die Zahl der wegen ihres Horns gewilderten Rhinos in Südafrika dramatisch angestiegen ist, werden die vom Aussterben bedrohten Tiere rund um die Uhr überwacht und die Zäune streng kontrolliert.

SHAMWARI GAME RESERVE

Neben Löwen (links) und Leoparden (unten rechts) gilt der Schutz im Shamwari Game Reserve vor allem den Spitzmaulnashörnern (großes Bild). Urlauber können hier nicht nur auf Fotosafari gehen, sondern sich auch freiwillig engagieren. Die »Conservation Experience« bietet Interessierten die Möglichkeit, bis zu einem Jahr lang im Reservat zu leben und bei der täglichen Arbeit zur Hand zu gehen.

SHAMWARI GAME RESERVE

SHAMWARI GAME RESERVE

Ein mächtiger Löwe ruht in einem Fynbos-Feld und überwacht sein Revier. Bei diesen Raubkatzen gehen nur die Weibchen auf die Jagd.

EAST LONDON

NAHOON BEACH

EAST LONDON

Deutsche und britische Söldner, die sich 1857 an der Mündung des Buffalo River in den Indischen Ozean niederließen, gelten als die Gründungsväter East Londons. Das deutsche Element ist in der Stadt bis heute präsent: So wird wöchentlich ein German Market abgehalten, und Mercedes-Benz unterhält hier ein Fertigungswerk für seine südafrikanischen Fahrzeuge. Einige historische Bauten, darunter die markante Town Hall, verleihen dem Stadtzentrum ein nostalgisches Flair. Im East London Museum ist ein präparierter *Coelacantnus* zu sehen: Der Quastenflosser galt als vor 65 Millionen Jahren ausgestorben, bis ein Fischer 1938 ein Exemplar im Chalumna River fing. Seine große Anziehungskraft als Ferienort verdankt East London den herrlichen Sandstränden, an denen Surfer wie Schwimmer nahezu das ganze Jahr über ins Wasser gehen können.

Vor dem mit einer herrlichen Fassade in Rot-Weiß-Optik geschmückten Rathaus mit dem imposanten Victoria Tower (gebaut 1897) steht ein großes Reiterdenkmal, das an die Gefallenen im Zweiten Burenkrieg (1899–1902) erinnert (beide Abbildungen).

NAHOON BEACH

Die Bucht von East London bietet Wassersportlern das ganze Jahr über ideale Bedingungen – das Klima ist mild, und der Indische Ozean lockt mit Temperaturen um 28 °C selbst empfindliche Naturen ins Meer. Der beliebteste Strand East Londons schmiegt sich acht Kilometer nördlich der Stadt als perfekte Sichel hellen Sandes um eine Lagune an der Mündung des Nahoon River und ist dadurch vor heftigem Seegang geschützt. Surfer schätzen die sich davor an einem Riff brechenden Wellen, die allerdings sicheres Können erfordern – schließlich werden hier auch internationale Wettbewerbe abgehalten. Profis vergleichen die Surfbedingungen am Nahoon Beach gerne mit dem legendären Sunset Beach auf Hawaii. Der einzige Wermutstropfen sind die zahlreichen Haie: Die Wellenreiter achten mindestens so aufmerksam auf Haiflossen wie auf die heranrollenden Wellen.

Stege erleichtern den Zugang zum Nahoon Beach und führen direkt vom Hauptparkplatz über üppige Vegetation und einige künstlich angelegte Gezeitenschwimmbecken zum langen Sandstrand. Benannt wurde der Strand nach einem Anführer der Xhosa.

TRANSKEI

Das ehemalige Homeland der Xhosa galt seit dem Jahr 1976 als von Südafrika unabhängiger Staat mit eigener Regierung; erst mit dem Ende der Apartheid kehrte die Transkei als Teil der Provinz Ostkap zum Mutterland zurück. Landwirtschaft, Viehzucht und die finanziellen Zuwendungen von Arbeitsemigranten bilden das wirtschaftliche Standbein. Noch immer ziehen die hier lebenden Xhosa ihre althergebrachten Rundhütten, die zu einem Kraal, einer kreisförmigen Siedlung, gruppiert zusammenstehen, modernen Wohnhäusern vor. Den Oberhäuptern und den Heilern kommt in der Gesellschaft eine wichtige Rolle zu. Selbst die ehemalige Homeland-Hauptstadt Mthatha (Umtata) besitzt ein sehr ländliches und afrikanisches Flair. Hier erinnert ein Museum an den berühmtesten Sohn der Transkei, den Führer des ANC und langjährigen Präsidenten Südafrikas, Nelson Mandela.

TRANSKEI

Die sanfte, grüne Hügellandschaft der Transkei hat einen ganz eigenen Charme. »Transkei« bedeutet »jenseits des Flusses Kei«. (Unten: Blick vom Mount Thesiger bei Port St. Johns auf die Mündung des Umzimvubu River.) Zum Meer hin geht sie in die von bizarren Erosionsstrukturen geprägte Wild Coast über. Dieser Küstenabschnitt zählt den am wenigsten berührten in ganz Südafrika (links).

XHOSA

Die Xhosa gehören der großen Sprachgruppe der Bantu an, die, in mehreren Wanderzügen ab dem 11. Jahrhundert von Norden kommend, nach Südafrika einwanderte. Mit der Kolonialisierung kam es zu bewaffneten Konflikten der viehzüchtenden Xhosa mit Buren um Weiderechte, in deren Verlauf die Xhosa immer weiter nach Süden abgedrängt wurden. Von Nordosten gerieten die Xhosa durch das expandierende Reich der Zulu unter Druck. Heute leben die meisten Xhosa am Eastern Cape. Riten wie die Initiation der jungen Männer, »Ulwaluko« genannt, werden bis heute durchgeführt. Dabei ziehen sich die Jugendlichen nach der Beschneidung bis zu mehrere Wochen in den Busch zurück. Ihre Körper reiben sie zum Zeichen des Übergangs mit weißer Farbe ein. Auch magische Praktiken wie Weissagung oder Heilung durch Kräuter oder Zauber sind weitverbreitet. Heilerinnen sind üblicherweise Frauen. Die Gesellschaftsstruktur mit einem traditionellen Oberhaupt dient auch heute noch als Grundlage der Provinzverwaltung. Erstaunlich hoch ist der Anteil von Xhosa unter den politischen Führern von Südafrika: Neben Nelson Mandela gehör(t)en auch Bischof Desmond Tutu und der ehemalige Staatspräsident Thabo Mbeki diesem Volk an. Die prominenteste weibliche Vertreterin der Xhosakultur war die Sängerin Miriam Makeba.

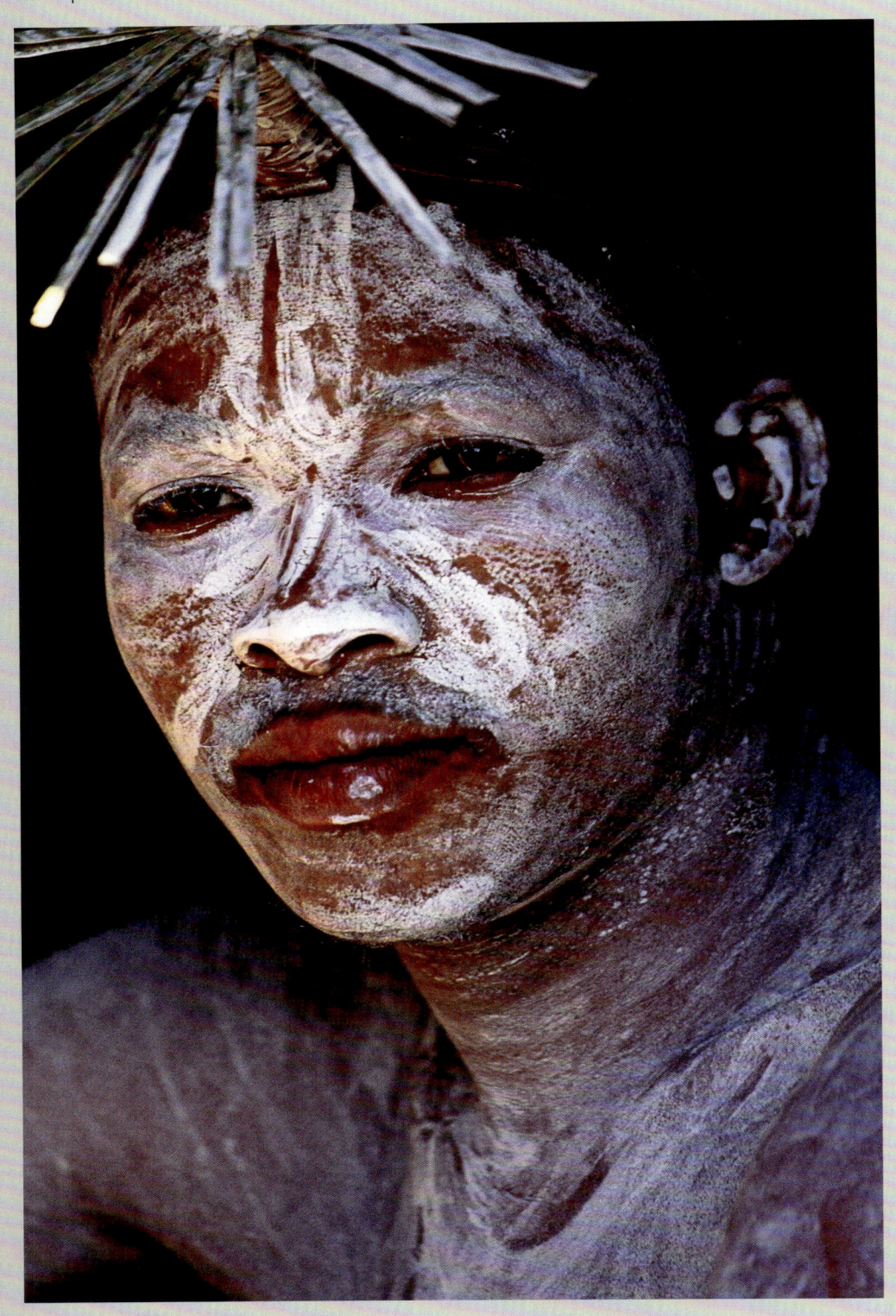

XHOSA

Magische Riten spielen im Alltag der Xhosa, die von den europäischen Kolonisten früher in diffamierender Absicht »Kaffer« (»Ungläubige«) genannt wurden, eine wichtige Rolle. Perlenschmuck und weiße Muster im Gesicht tragen Frauen zu den vielfältigen Zeremonien (links). Die jungen Männer reiben für die wichtigen Initiationsriten ihren ganzen Körper mit weißer Farbe ein (unten).

OSTKAP 173

XHOSA

XHOSA

In einer vierwöchigen Schulung werden die halbwüchsigen Jungen auf die traditionelle Beschneidungszeremonie vorbereitet.

WILD COAST

Schroffe, felsige Abschnitte wechseln sich entlang der gesamten Wilden Küste zwischen East London und dem knapp 300 Kilometer entfernten Port Edward mit weich geschwungenen Sandbuchten, türkisblauen Lagunen und verzweigten Flussdeltas ab. Mangrovensümpfe und Regenwald gehen in die grüne, gleichmäßig gewellte Hügellandschaft der Transkei über. Seinen Namen verdankt dieser Küstenabschnitt allerdings nicht der landschaftlichen Vielfalt, sondern der Tatsache, dass hier wegen tückischer Strömungs- und Windverhältnisse zahlreiche Schiffe verunglückten. Für Wanderer wurden mehrere Hiking Trails eingerichtet, die in insgesamt 14 Tagesetappen die Küstenlinie erschließen. Bedroht ist dieses Naturparadies durch Pläne eines australischen Bergbaukonzerns, titaneisenerzhaltigen Dünensand abzubauen. Unter der Xhosa-Bevölkerung regt sich dagegen massiver Widerstand.

WILD COAST

»Das Loch in der Wand« heißt aus gutem Grund diese Felsformation an der Wild Coast, die zu den unberührtesten Regionen Südafrikas gehört. Ihren Namen hat sie aber aus einem ganz anderen Grund. Seefahrer gaben der wilden Küste in der Provinz Ostkap den Namen, die mit messerspitzen Felsen und tückischen Sandbänken gespickt ist und von einem unberechenbaren Wettergott beherrscht wird.

WILD COAST

WILD COAST

Nicht nur von übermütigen Delfinen, sondern auch von Weißen Haien wimmelt das Meer an der Wild Coast.

OSTKAP

GEFÄHRDET UND GEFÄHRLICH: DER WEISSE HAI

Die direkten Vorfahren der heutigen Haie lebten vor 400 Millionen Jahren. Seither haben sich die Haie wenig verändert, anders als ihre Umwelt: Menschen dringen in ihr Revier ein, um sie zu jagen, zu beobachten oder auch nur um darin zu schwimmen und zu surfen. Südafrikas Küsten, besonders die Gewässer um Kapstadt und um Durban, sind berühmt für ihre Weißen Haie. Das größte hier aufgetauchte Tier soll 6,60 Meter lang und 3285 Kilogramm schwer gewesen sein. Heute bleiben die Tiere deutlich unter solchen Werten. Gemessen an der Häufigkeit der Begegnungen, kommen Angriffe auf Menschen selten vor. Jährlich gibt es zwischen fünf und sieben Attacken an der südafrikanischen Küste, von denen mindestens eine tödlich endet. Allerdings lässt sich eine Häufung der Angriffe beobachten. Das liege am strengen Naturschutz, sagen die einen. Andere halten jene für verantwortlich, die Haibeobachtungstouren für Touristen organisieren: Um die Tiere anzulocken, schütten sie eine Mischung aus Blut, Öl und Fischabfällen ins Wasser. Deshalb wagen sich die Haie immer näher an die Küste heran und bringen den Menschen mit Nahrung in Verbindung. Dass vor allem Surfer von Haiattacken betroffen sind, liegt daran, dass das Surfbrett unter Wasser wie eine Robbe aussieht – die steht auf der Hai-Speisekarte ganz oben.

GEFÄHRDET UND GEFÄHRLICH: DER WEISSE HAI

Glaubt man dem Taucherlatein, sollen schon riesige Exemplare Weißer Haie von bis zu 20 Metern Länge gesichtet worden sein. Ganz nahe kommen Taucher den gefährlichen Menschenfressern beim *cage diving*: Sicher umhüllt vom Stahlgitter eines robusten Käfigs, kann sich der Taucher inmitten der mit Blut angelockten Haie aufhalten, muss aber auch die eine oder andere Attacke auf seinen Käfig aushalten.

DWESA-CWEBE MARINE PROTECTED AREA

Die Schutzgebiete Dwesa und Cwebe erstrecken sich an der Mündung des Mbashe in den Indischen Ozean und repräsentieren die typischen Landschaftsformen der Wild Coast auf kleinem Raum. Watt, Mangrovensümpfe, Dünenküste, offenes Grasland, Akazienbusch und lichte Wälder sind Lebensraum von über 290 Vogelarten, weshalb sie als Paradiese für die Vogelbeobachtung gelten. Wild, das die Region früher durchstreifte, wurde wieder eingeführt, etwa Kuhantilopen, Blessböcke und Weißschwanzgnus. Auch Büffel, Elenantilopen und Warzenschweine können beobachtet werden, im Flusswasser lauern Krokodile. Dwesa und Cwebe stehen unter der Verwaltung lokaler Xhosa-Gemeinschaften. Die Menschen dürfen die Ressourcen wie Holz, Muscheln, Wild und Fisch in beschränktem Rahmen nachhaltig nutzen, wie es ihre Vorfahren seit Hunderten von Jahren getan haben.

DWESA-CWEBE MARINE PROTECTED AREA

Unten: Auch solche Bilder gehören zum ursprünglichen Naturerlebnis, das das Dwesa-Naturreservat Besuchern bietet: Eine Natal-Buschschlange verschlingt einen Natal-Waldsteigerfrosch; dafür hängt sie ihren Kiefer aus, sodass sie ihre Beute auf einmal herunterschlucken kann. Lieblicher zeigen sich die hübschen Küstenabschnitte, die zum geschützen Meeresbereich führen (links).

OSTKAP 183

NORDKAP

Karges Land mit schier endlosen Wüstenebenen und zu Skulpturen erodierten Felsgebirgen prägt die nördliche Kapprovinz. Die wahren Schätze schlummern hier im Verborgenen: Wasser, gespeichert in den Stämmen und Wurzeln der Wüstenpflanzen, Blumensamen, die nach spärlichem Regen zu Blütenteppichen explodieren, Diamanten in den erstarrten Schloten unterirdischer Vulkane. Die Kalahari ist Heimat der Nama wie der San, der letzten Nomadenvölker Südafrikas, und bietet trotz ihrer Aridität einer artenreichen Tierwelt einen Lebensraum.

Eine Kap-Plattgürtelechse sonnt sich auf einem Felsen im Gebiet des |Ai-|Ais Richtersveld Transfrontier Park und zeigt ihre ungewöhnliche Färbung. Der hellblaue Oberkörper ist allerdings den Männchen vorbehalten, Weibchen sind dunkel mit drei weißen Streifen auf dem Rücken.

ORANGE RIVER

Der Orange River oder Oranje ist nach dem Sambesi der zweitlängste Fluss des südlichen Afrika. Von seiner Quelle im Hochland von Lesotho bis zur Mündung in den Atlantik bei Oranjemund legt der Fluss eine Strecke von über 2000 Kilometern zurück. Auf seinem letzten Teilstück bildet er die Grenze zwischen Südafrika und Namibia. Hier, in der ariden Landschaft des nördlichen Namaqualandes und der angrenzenden Südnamib, wirkt der breite Fluss wie eine Fata Morgana. Galeriewälder säumen seine Ufer, und intensive Bewässerung sorgt für ertragreichen Obst- und Weinbau in flussnahen Regionen. Mit Sedimenten aus dem Hochland transportiert der Oranje eine kostbare Fracht, Diamanten, zum Atlantik. Dort verteilt die vorherrschende Strömung die wertvollen Steine entlang der Südküste Namibias, wo die Offshore-Lagerstätten ausgebeutet werden.

ORANGE RIVER

Besonders in seinem Oberlauf fließt der Oranje durch malerische Gebirgslandschaften und ist ein herrliches Revier für mehrtägige Kanutouren (links). An der Grenze zu Namibia verläuft er durch das Gebiet des Richtersveld, in dem er ruhig und immer breiter werdend durch einige flache Canyons rauscht. Nur selten behindern ein paar Felsbrocken den Wasserlauf und bilden Stromschnellen (unten).

|AI-|AIS RICHTERSVELD TRANSFRONTIER PARK

Rund 160 000 Hektar Halbwüste und Wüste bilden die Vegetationszonen des Richtersveld National Park, der seit 2003 mit dem namibischen |Ai-|Ais/Fish River National Park als |Ai-|Ais Richtersveld Transfrontier Park eines der ersten grenzüberschreitenden Schutzgebiete des südlichen Afrika bildet und 2007 zum UNESCO-Welterbe erklärt wurde. Karge Landschaften und viele endemische Sukkulenten sind charakteristisch für die im Nordwesten an den Oranje-Fluss grenzende Region. Bis heute trotzen hier kleine Nama-Gruppen als Halbnomaden den Klimaschwankungen mit heißen Sommern und eisigen Winternächten. Als Wahrzeichen des Richtersveld gilt der Köcherbaum, eine Aloe mit filigran verzweigter »Krone« und goldglänzender Rinde. Früher höhlten die San (Buschmänner) die Äste aus und benutzten sie als Köcher für ihre Giftpfeile, daher auch der Name.

|AI-|AIS RICHTERSVELD TRANSFRONTIER PARK

In steinigen Wüsten, dort, wo es kaum noch eine Pflanze aushält, fühlt sich der Köcherbaum (unten) am wohlsten. Köcherbäume sind perfekte Wasserspeicher: Ihre Wurzeln können in kurzer Zeit selbst kleinste Mengen an Flüssigkeit aufnehmen; Stamm und Äste haben ein wasserspeicherndes Zellgewebe, die Blätter verschließbare Poren und eine wasserundurchlässige Haut.

|AI-|AIS RICHTERSVELD TRANSFRONTIER PARK

|AI-|AIS RICHTERSVELD TRANSFRONTIER PARK

Als habe ein böser Geist den Stein in Brand gesteckt, sodass er jetzt glüht wie eine Wand aus Lava: Köcherbäume vor spektakulärer Kulisse.

NAMA: DAS BRUDERVOLK DER SAN

Die Nama gelten als der letzte überlebende Zweig der Khoikhoi, die neben den San die Ureinwohner des südlichen Afrika darstellen. Ursprünglich waren die Khoikhoi – von den europäischen Kolonialisten abwertend als »Hottentotten« bezeichnet – am Oranje-Fluss und entlang der südwestafrikanischen Küste verbreitet. Sie wurden von den Europäern nach und nach systematisch dezimiert und immer mehr in unwirtlichere Regionen abgedrängt. Doch im abgelegenen Richtersveld konnten die Nama bis auf den heutigen Tag überleben; hier können sie auch noch ihre halbnomadische Lebensweise praktizieren und mit ihren Schafen und Ziegen zu jahreszeitlich wechselnden Weidegebieten ziehen. Ihre transportablen Kuppelhütten – »haru oms« genannt – bestehen aus sich überschneidenden Holzreifen, über die selbstgeflochtene Matten gelegt werden. Die ersten Weißen, die mit Nama-Gruppen in Kontakt kamen, waren zumeist Missionare. Historische Quellen berichten von der reichen oralen Überlieferung und der großen Musikalität dieses Volkes. Dem Christentum gegenüber zeigten sich die Nama offen. Sie ließen sich schnell bekehren, wenngleich prächristliche Glaubensvorstellungen wie die ausgeprägte Furcht vor den Toten, deren Gräber man meidet, nach wie vor noch eine große Rolle spielen.

NAMA: DAS BRUDERVOLK DER SAN

Die Nama gehören zu den ältesten Bewohnern des südlichen Afrika. Die aus Geflecht und Matten aufgebauten Rundhütten werden heute oft mit Lehm verputzt und bleiben das ganze Jahr an einem Ort (links). An den saisonalen Wanderungen nimmt längst nicht mehr die ganze Familie teil. Bei speziellen Ritualen werden Bewerber nach mehrjähriger Ausbildung zum Sangoma (Heiler) berufen (unten).

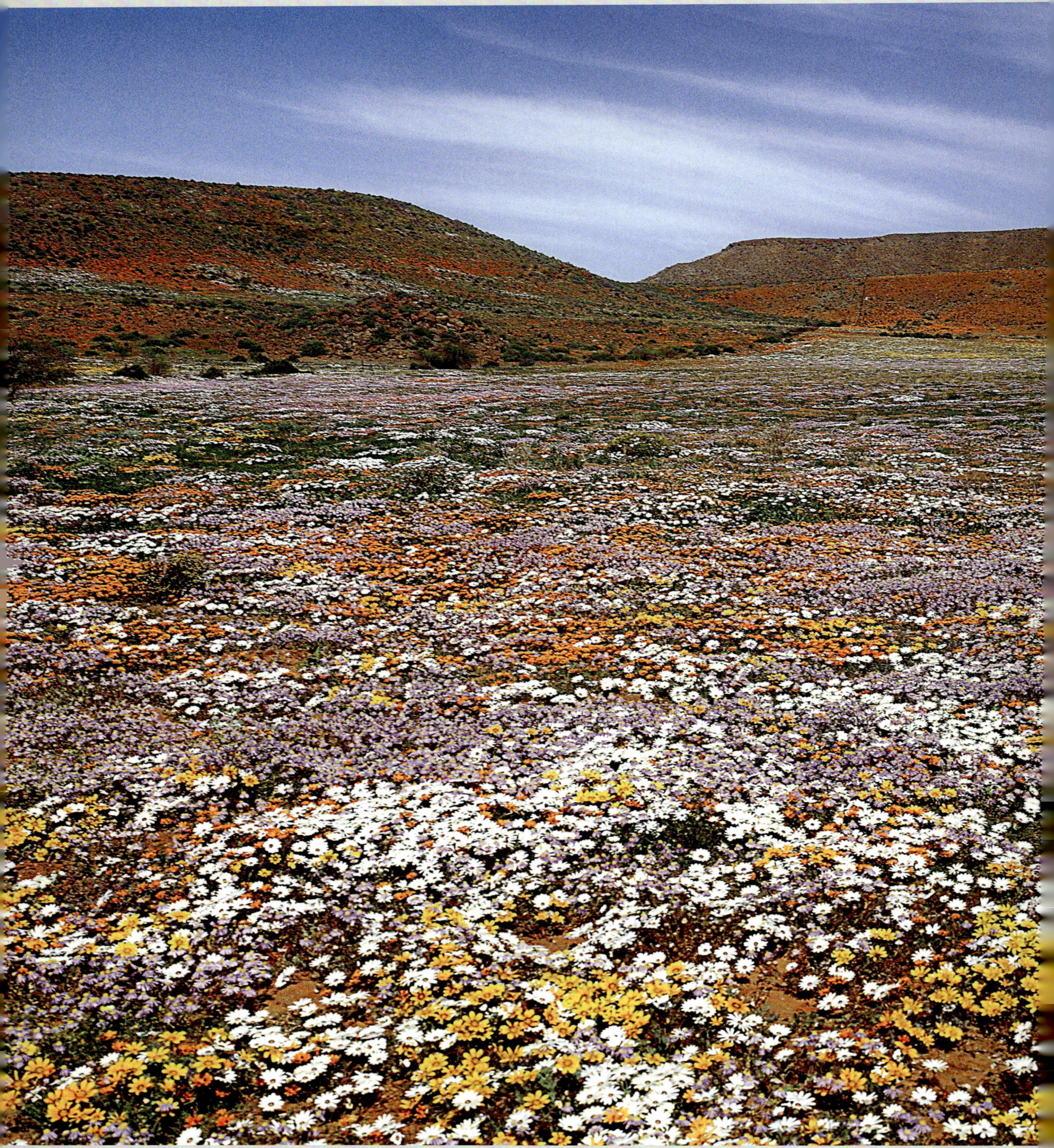

NAMAQUALAND

NAMAQUALAND

Namaqualand prägen Höhenzüge, die von weiten, teils sandigen Ebenen wie zum Beispiel im Goegap Nature Reserve bei Springbok unterbrochen werden. Für spektakuläre Farbspiele sorgt in dieser ariden Region die jährliche Wildblumenblüte: Zwischen Juli und September überzieht diese die sonst graugelbe Landschaft mit einem kunterbunten Blütenteppich, der zahlreiche Insekten anzieht. Mit geübtem Auge lassen sich dann Tiere wie das Wüstenchamäleon beobachten, das im Gegensatz zu seinen auf Bäumen lebenden Artgenossen ein reiner Bodenbewohner ist. Die winzige Namaqualand-Flachschildkröte zählt mit kaum zehn Zentimetern Größe zu den kleinsten Schildkröten weltweit. Dass auch diese Region in früheren Zeiten von nomadisierenden Volksgruppen durchstreift wurde, belegen Felsmalereien in den südlich angrenzenden Zederbergen.

NAMAQUALAND

Wenige Millimeter Regen im Juli und August reichen aus, um aus der trostlosen Ödnis des Namaqualands ein Fest der Farben zu machen (unten und Folgeseiten). Es ist ein gieriger Lebensrausch der Pflanzenwelt, dem ein langer Kater folgen wird. In den wenigen Monaten der Regenzeit sprudelt die Natur geradezu vor Artenvielfalt über, bis das Warten erneut einsetzt (links: Grauflügelfrankoline).

NAMAQUALAND

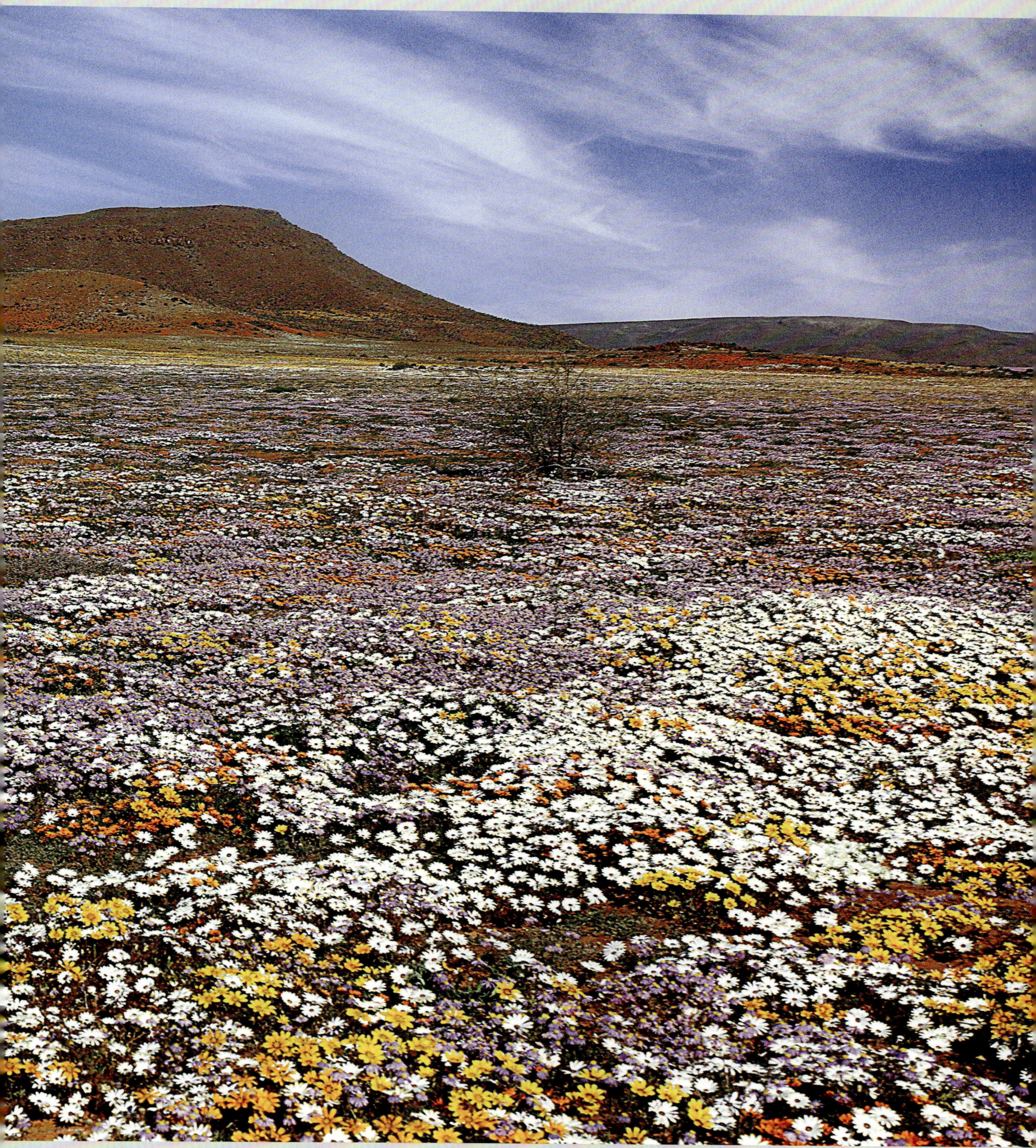

NAMAQUA NATIONAL PARK

Vor allem zur Wildblumenblüte im Frühjahr der Südhalbkugel bietet der Nationalpark einen spektakulären Anblick. Er ist Teil der Sukkulenten-Karoo, deren Artenvielfalt einmalig ist für eine so aride Region. Über 3000 verschiedene Pflanzen, darunter 1000 Endemiten, leben einen Großteil des Jahres nur von der Feuchtigkeit der Nebelbänke, die vom Atlantik landeinwärts ziehen, oder von in Stamm, Wurzel oder Blättern gespeichertem Wasser, um dann nach den Winterregen in einem Blütenmeer zu explodieren. Neben den Blumenteppichen beherrschen die prägnanten Silhouetten der Köcherbäume das Landschaftsbild. Ebenso vielfältig ist der Reichtum an Insekten und Reptilien. Unter den acht verzeichneten Schlangenarten sind so gefährliche Exemplare wie Puffotter und Kapkobra. Die nur hier vorkommende Namaqualand-Flachschildkröte gilt als kleinste Schildkröte der Welt.

NAMAQUA NATIONAL PARK

Gelb, orange, lachsrot oder weiß blühen die Gänseblümchen im Namaqua-Nationalpark (links). Doch ihr Leben an diesem kargen, staubigen Ort ist fast so flüchtig wie eine Illusion. Um mit dieser Farbenpracht des Frühlings mithalten zu können, gewandet sich die Kegelkopfschrecke auch in ein buntes Farbenkleid (großes Bild). So signalisiert sie ihren Fressfeinden Ungenießbarkeit.

NAMAQUA NATIONAL PARK

NAMAQUA NATIONAL PARK

Das Namaqua-Chamäleon hat sich gut an die lange Trockenzeit im Namaqualand angepasst und kann Monate ohne Wasser auskommen.

GOEGAP NATURE RESERVE

Goegap, in der Sprache der Nama die »Quelle«, hat sich aus einem aufgelassenen Kupferabbaugebiet entwickelt und ist damit ein gutes Beispiel für die Selbstheilungskräfte der Natur – vorausgesetzt, sie wird geschützt. Das rund 16 000 Hektar große Areal östlich des Städtchens Springbok besteht aus wüstenhafter Berglandschaft mit weiten Tälern, in denen Wasserlöcher dem Wild das überlebensnotwendige Nass bereitstellen. Der Trockenheit angepasste Tiere wie der majestätische Gemsbock, Springböcke, Hartmannsche Bergzebras und Strauße zeigen sich ohne Scheu den Besuchern, die das Areal auf einem der Geländewagen vorbehaltenen Trails erkunden. Vegetationslose Berghänge, zu fantastischen Figuren erodierte Granitskulpturen, dazwischen wurzelnde Köcherbäume und der von den Nama als Halbmensch bezeichnete *Pachypodium namaquanum* prägen das Landschaftsbild.

GOEGAP NATURE RESERVE

Afrika ist die Heimat seltsamer Pflanzen, die es nirgendwo sonst gibt – etwa des Köcherbaums (alle Abbildungen), der auf Afrikaans »Kokerboom« heißt und aus dessen Ästen die San Köcher schnitzten. Der Niederländer Simon van der Stel war der erste Europäer, der ihn zu Gesicht bekam. Er war im Namaqualand auf der Suche nach Kupfer, fand aber nur diesen Baum, der 300 Jahre alt werden kann.

AUGRABIES FALLS NATIONAL PARK

Der im Jahr 1967 gegründete Nationalpark umfasst neben den Wasserfällen Augrabies Falls ein rund 900 Quadratkilometer großes Gebiet extrem arider Landschaft, in der die Vegetation hauptsächlich aus Köcherbäumen, Dornbüschen und Opuntien (eine Kakteenart) besteht. Trotz der trockenen Umgebung ließ sich in den Galeriewäldern entlang des Oranje eine bunte Vogelwelt nieder. Zur Fauna zählen an die Wüste angepasste Gazellen, Paviane, Stachelschweine und einige Spitzmaulnashörner, die hierher ausgewildert wurden. Eine Hauptattraktion sind die Wasserfälle des Oranje, die auf einer Breite von rund 150 Metern bis zu 56 Meter tief in die Schlucht stürzen. Ein anderes, ganz eigenes Naturphänomen kann man nicht weit von hier bei Griquatown bewundern: Wenn sich die Sanddünen, vom Wind angetrieben, bewegen, entsteht ein rollendes, unheimliches Geräusch.

AUGRABIES FALLS NATIONAL PARK

Der Kontrast zwischen der extrem ariden Umgebung und den unglaublichen Wassermassen des Oranje-Flusses, die sich über die 191 Meter hohen Augrabies Falls (links) stürzen und durch die 18 Kilometer lange Schlucht (unten) zwängen, ist faszinierend. »Ankoerebis«, »Ort des großen Lärms«, nannten die Nama dieses Naturschauspiel, das sie als einen Sitz böser Geister fürchteten.

AUGRABIES FALLS NATIONAL PARK

AUGRABIES FALLS NATIONAL PARK

Der Lichtstrahl scheint direkt vom Himmel in den Schlund der Erde zu fallen, um dieses schäumende Schauspiel in Szene zu setzen.

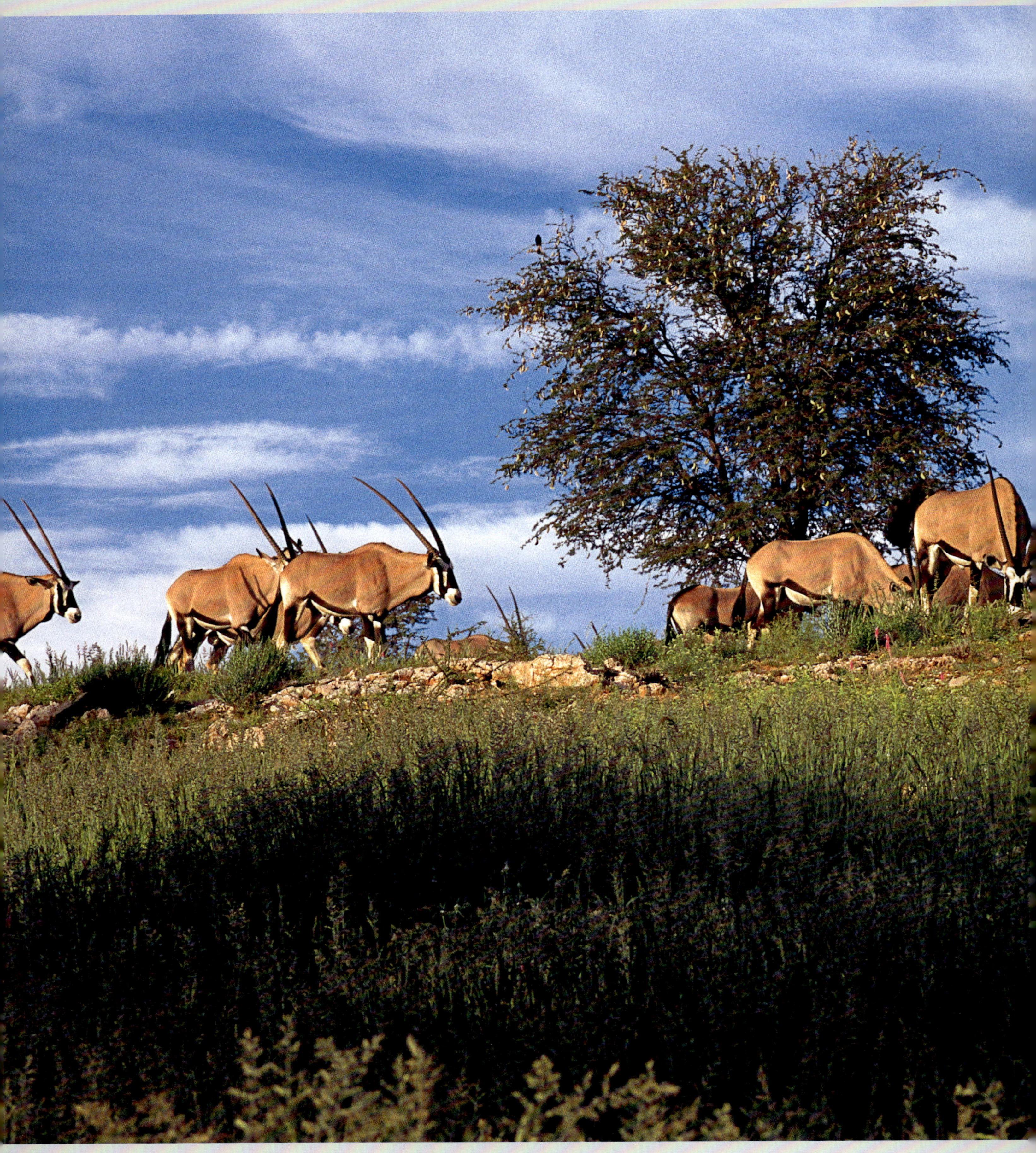

KGALAGADI TRANSFRONTIER PARK

KGALAGADI TRANSFRONTIER PARK

Der Kgalagadi Transfrontier Park, entstanden durch Zusammenschluss des Kalahari Gemsbok Park mit dem botsuanischen Gemsbok National Park, war wie der |Ai-|Ais Richtersveld Transfrontier Park eine der ersten grenzüberschreitenden Einrichtungen dieser Art im südlichen Afrika. »Kgalagadi«, »das vertrocknete Land«, nennen die San die Wüste Kalahari. Deren rote, parallel zueinander verlaufende Sanddünen sehen so aus, als wären sie mit einer riesigen Harke gezogen worden. In den Dünentälern wurzeln Büsche und Bäume, periodisch gibt es Wasserstellen. Große Wildherden durchstreifen diese faszinierende Landschaft, darunter viele Oryxantilopen, die als »Überlebenskünstler der Wüste« gelten, weil sie sich so gut an die aride Umgebung angepasst haben. Mit ihrer auffälligen Fellzeichnung und den spitzen Hörnern sind die Tiere unverwechselbar.

KGALAGADI TRANSFRONTIER PARK

Kein Platz für Kleinstaaterei, aber viel Platz für Akazien und Kameldorn, Löwen und Schakale: Im grenzübergreifenden Kgalagadi Transfrontier Park gibt es weder für Mensch noch Tier Zollkontrollen. Die Idee der »Peace Parks«, die mehrere Länder verbinden und nicht nur Impalas (unten) und Oryxantilopen (Folgeseiten) freie Bahn gewähren, wird in ganz Afrika immer populärer.

KGALAGADI TRANSFRONTIER PARK

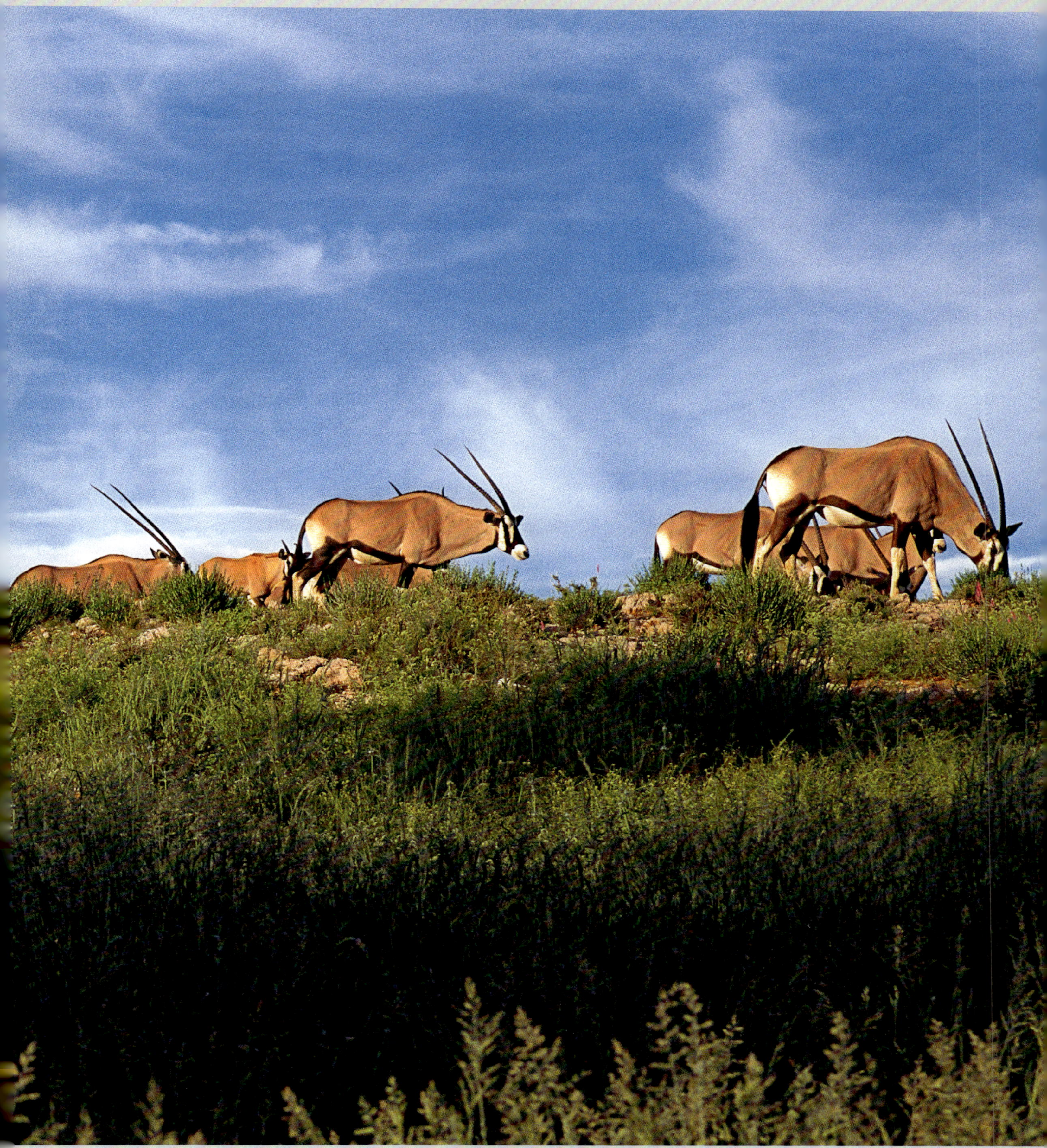

KGALAGADI TRANSFRONTIER PARK

KGALAGADI TRANSFRONTIER PARK

Bereits die Jungtiere ahmen den ausgewachsenen Erdmännchen das Verhalten nach und halten Ausschau nach Gefahr.

NORDKAP

KALAHARI – DIE ROTE WÜSTE

Nur ein kleiner Teil der Kalahari gehört zu Südafrika, der überwiegende Teil liegt im benachbarten Botsuana mit westlichen Ausläufern in Namibia. Anders als in der hier zu verortenden Namib verlaufen die Dünen der Kalahari in schmalen, langen Rippen parallel zueinander. Es sind fossile Dünen, deren Fundament vor langer Zeit versteinerte und die sich nicht mehr bewegen. Vor Urzeiten war die Kalahari einmal eine Felsenwelt aus Sandstein, der aber vom Wind in unendlicher Geduld zu feinstem Sand zerrieben und dann zu den typischen, gewellten Kalahari-Dünen aufgetürmt wurde. In den Dünentälern findet sich oberflächennahes Wasser, dessen unterirdisches Netz in Verbindung mit dem Okavango-Binnendelta steht. Ist das Delta gut bewässert, fließt überschüssiges Nass bis an die äußersten Enden dieses Netzes. Liegt es trocken, zieht es das Wasser zurück. Dieser Prozess beschert der Kalahari eine relativ große Fruchtbarkeit. In den Tälern weiden Giraffen, Oryxantilopen, Zebras und Springböcke; große und kleine Raubtiere gehen auf die Pirsch, Grasbüschel und Akazien stabilisieren den sandigen Untergrund. Die Schönheit des steten Wechsels aus Wüste und Grün kann sich durchaus mit der Majestät der Dünen am namibischen Sossusvlei messen.

KALAHARI – DIE ROTE WÜSTE

Nicht jede Wüste ist öde und leer. In der Kalahari regnet es zwar äußerst selten und monatelang überhaupt nicht. Trotzdem haben sich erstaunlich viele Pflanzen an diese unwirtliche Welt angepasst (links). Als weitgehend vegetationslose Sandwüste präsentiert sich die Kalahari nur selten (unten); meist liegen zwischen ihren Sandrippen fruchtbare Täler, in denen zahlreiche Tiere Nahrung finden.

KALAHARI – DIE ROTE WÜSTE

KALAHARI – DIE ROTE WÜSTE

Die Unendlichkeit der Kalahari mit ihren charakteristischen roten Sanddünen ist so ungeheuerlich wie unvorstellbar.

KIMBERLEY

Die Diamantenfundstätten um Kimberley liegen nicht oberirdisch in Flussläufen wie in anderen Regionen, sondern eingeschlossen in einen erstarrten vulkanischen Schlot, in Kimberlit-Gestein. 1869 wurden die Vorkommen entdeckt, daraufhin entwickelte sich Kimberley zu einer Stadt mit 10 000 Einwohnern, die in ihren Claims dem Glück nachjagten. Der englische Abenteurer und Vater Rhodesiens, Cecil Rhodes, gründete 1880 die »De Beers Consolidated Mines«, benannt nach der Familie, deren Claims er aufgekauft hatte. Acht Jahre später hatte er seinen größten Konkurrenten Barnato geschluckt und die De Beers Consolidated Mines geschaffen, bis heute Quasi-Monopolist im südlichen Afrika. Zum Firmenkonglomerat gehört auch Finsch, eines der modernsten Bergwerke der Welt. Aber das den Boom auslösende »Big Hole« wurde schon 1914 mangels Rentabilität geschlossen.

KIMBERLEY

»Big Hole«, das »große Loch« von Kimberley, gilt mit 800 Metern Tiefe und einem Durchmesser von 470 Metern als das größte je von Menschenhand gegrabene Loch der Welt. Heute ist es die Hauptattraktion des Kimberley Mine Museum, in dem die historische Goldgräberstadt aus dem 19. Jahrhundert originalgetreu nachgebaut wurde (links). Spannend ist der Blick von der Aussichtsplattform (unten).

DIAMANTEN: VOM BOOM ZUM »KIMBERLEY-PROZESS«

1866 hatte ein 15-Jähriger im Oranje-Fluss den ersten Diamanten entdeckt, der »Eureka« genannt wurde und 21 Karat hatte. Echtes Diamantenfieber setzte aber erst ein, als man drei Jahre später die Kimberley-Schlote fand: Die kostbaren Steine waren in erstarrtem Magma eingeschlossen – in Kimberlit, dessen Adern sich tief bis unter die Erde erstreckten. Anfangs wurde noch in vielen kleinen Claims gegraben, doch schon bald wurde diese Form des Abbaus unrentabel. Mit dem Einstieg von Cecil Rhodes in das Diamantengeschäft setzte ab 1880 der Konzentrationsprozess ein, elf Jahre später gehörten seiner Firma »De Beers Consolidated Mines« bereits 90 Prozent der damals bekannten Diamantenvorkommen weltweit. Bald dominierten Diamanten aus Südafrika den Weltmarkt. Allerdings steht das Land heute nicht mehr an erster Stelle im Diamantenexport – Angola, Russland und Botsuana haben ihm den Rang abgelaufen. Im Mai 2000 trafen sich erstmals Vertreter mehrerer Diamanten produzierender Länder des südlichen Afrika in Kimberley, um eine Lösung für das Problem zu finden, dass mit illegal geschürften »Blutdiamanten« auch gewalttätige Konflikte finanziert werden. Mit staatlichen Herkunftszertifikaten im Rahmen des »Kimberley-Prozesses« versucht man seitdem, den illegalen Handel zu verhindern.

DIAMANTEN: VOM BOOM ZUM »KIMBERLEY-PROZESS«

Südafrika ist reich an Bodenschätzen. Diamanten werden unter Tage mit Schaufelbaggern und Presslufthämmern abgebaut (links). In der Mine von De Beers in Finsch werden auch hoch technisierte Roboter eingesetzt, um die kostbaren Edelsteine aus der Tiefe der Felsen zu holen (unten). So soll die Arbeit für die Menschen unter Tage sicherer gestaltet und Unfälle sollen möglichst vermieden werden.

NORDKAP 225

GAUTENG/NORDWEST/FREISTAAT

Der Große Treck, Schlachten mit Zulu, Kampf gegen das Apartheidsregime – in Südafrikas Geschichte spielen die Provinzen Gauteng, Nordwest und Freistaat eine besondere Rolle. Martialische Denkmäler feiern den Durchhaltewillen der Buren, Museen vermitteln hautnah die erschreckende Umsetzung der Rassentrennungsideologie und den steinigen Weg in die Demokratie. Aber auch dieser Teil Südafrikas geizt nicht mit Naturschönheiten wie den faszinierenden Sandsteinskulpturen des Golden-Gate-Nationalparks und wildreichen Reservaten wie Madikwe.

Das wohlhabende Sandton liegt nördlich von Johannesburg, grenzt aber direkt an das Stadtgebiet an und zählt zur gemeinsamen Metropolregion City of Johannesburg. Es ist das Finanz- und Wirtschaftszentrum der Region, hier schießen die Wolkenkratzer in die Höhe.

PRETORIA

Südafrikas Hauptstadt ist keine besonders quirlige, sondern eher eine »gemessen« wirkende Metropole. Als Sitz des Parlaments, das in den historischen Union Buildings tagt, fungiert sie auch nur die Hälfte des Jahres; die restliche Zeit übernimmt dann Kapstadt diese Funktion. Gegründet wurde die Stadt im traditionellen Siedlungsbereich der Ndebele Mitte des 19. Jahrhunderts. Benannt ist sie nach General Pretorius, der in der Schlacht am Blood River über die Zulu siegte. Dass die jetzige Regierung ihre Hauptstadt umbenennen will, ist verständlich. Der neue Name Tshwane konnte sich allerdings bis jetzt noch nicht richtig durchsetzen. Obwohl Pretoria auf den ersten Blick ziemlich modern wirkt, sind auch noch zahlreiche Bauten aus der Gründungszeit ab Mitte des 19. Jahrhunderts erhalten, so zum Beispiel das verspielt wirkende Melrose House.

PRETORIA

Von den Gärten der Union Buildings auf der Meintjieskop-Anhöhe (unten) blicken Südafrikas Parlamentarier auf die elegante Hauptstadt Pretoria mit ihrem futuristischen Zentrum. Die koloniale Ära ist noch in den Bauten rund um den Church Square lebendig: Justizpalast, das Rathaus »Ou Raadsaal«, das Old Capitol Theater und die Post rahmen das Denkmal des ehemaligen Präsidenten Paul Kruger ein (links).

PRETORIA: VOORTREKKER MONUMENT

Das monumentale Denkmal auf einem Hügel am Stadtrand von Pretoria erinnert an die etwa 6000 Buren, die Mitte des 19. Jahrhunderts aus dem britisch besetzten Kapland flohen, um eine eigenständige Republik zu gründen. Viele Auswanderer kamen bei diesem »Großen« und den vielen folgenden kleineren Trecks bei Kämpfen mit Ndebele und Zulu, durch Raubtiere oder Hunger und Krankheit um. Die Ecken des 40 Meter hohen Granitbaus schmücken Statuen berühmter Voortrekker-Führer wie Andries Pretorius. Im Inneren erzählen 27 Marmortafeln die Geschichte des Großen Trecks. Eingerahmt ist das Monument von Steinreliefs der Ochsenwagen, die eine Wagenburg symbolisieren. Bedeutung hat das Monument auch als Gedenkort für die Schlacht am Blood River, bei der 470 Voortrekker dank ihrer überlegenen Bewaffnung eine deutliche Übermacht von 12 500 Zulu besiegten.

PRETORIA: VOORTREKKER MONUMENT

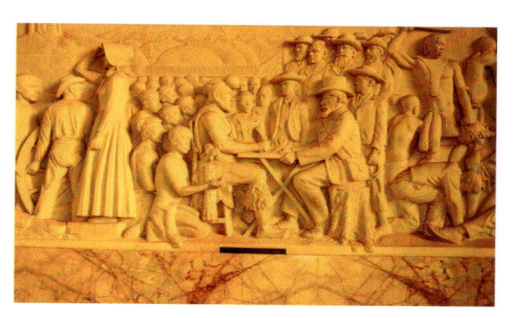

Es erinnert ein wenig an das Leipziger Völkerschlachtdenkmal: das Voortrekker Monument von Pretoria, das der südafrikanische Architekt Gerard Moerdijk 1835 bis 1854 errichten ließ. Ganz links: In der Kenotaphhalle fällt jedes Jahr am 16. Dezember, dem Jahrestag der Schlacht am Blood River, ein Lichtstrahl auf das Scheingrab. Links: Ein 92 Meter langes Marmorrelief berichtet vom Großen Treck.

PRETORIA: DITSONG NATIONAL MUSEUM OF NATURAL HISTORY

Die 1892 gegründete, altehrwürdige Institution besitzt umfangreiche Sammlungen präparierter Säugetiere, Amphibien, Fische und Reptilien nicht nur aus dem südlichen Afrika, sondern aus allen Teilen der Welt. Besonders interessant sind die archäologischen Funde, die Anthropologen in der UNESCO-Welterbestätte »Wiege der Menschheit«, den Sterkfontein Caves bei Johannesburg, entdeckt haben. Darunter befindet sich »Mrs. Ples«, der ungewöhnlich gut erhaltene Schädel eines Australopithecus, der vor ca. 2,5 Mio. Jahren gelebt hat und als weitläufiger Vorfahre des Homo sapiens gilt – ob es sich dabei tatsächlich um eine Frau handelt, ist umstritten. Sehenswert ist auch die ornithologische Sammlung, von deren über 50 000 Exponaten nur ein Bruchteil gezeigt werden kann und die einen hervorragenden Überblick über den Vogelreichtum Südafrikas bietet.

PRETORIA: DITSONG NATIONAL MUSEUM OF NATURAL HISTORY

Das spektakuläre Entrée des Museums schmücken die gigantischen Skelette eines Deinonychus-Sauriers und eines Wals (links). Im Innern wird die Naturgeschichte Südafrikas lebendig: Nicht nur präparierte Tiermodelle und Geweihe werden ausgestellt (großes Bild), sondern auch Skelettfunde von Hominiden aus den Sterkfontein Caves nordwestlich von Johannesburg (unten rechts).

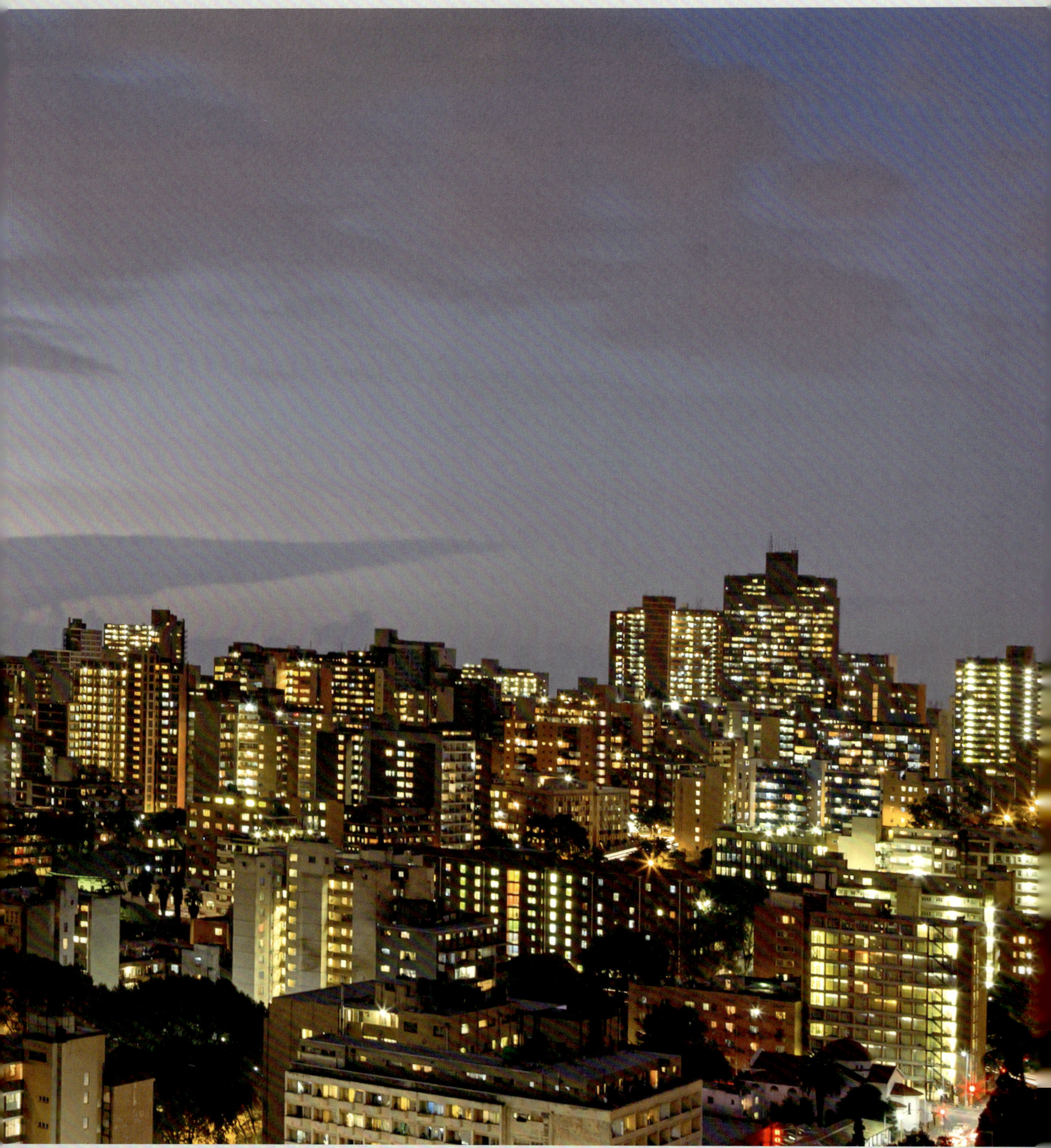

JOHANNESBURG

JOHANNESBURG

Niemand weiß genau, wie viele Menschen in Johannesburg leben. Die letzte Volkszählung ergab eine Zahl von rund 4,4 Millionen Menschen, aber wenn man das gesamte Einzugsgebiet mit den ehemaligen Townships in der nahen Umgebung hinzurechnet, dürfte die Zahl um ein Vielfaches höher sein. Die einheimischen Weißen nennen die Stadt kurz »Jo'burg«, die Schwarzen »e'Goli« (»Stadt des Goldes«). Die Boomzeit begann 1886, als am Witwatersrand Goldvorkommen entdeckt wurden und binnen weniger Jahre eine Kleinstadt mit Theater, Schule und Krankenhaus entstand. Anfang des 20. Jahrhunderts lebten bereits rund 150 000 Weiße hier. Bis zum Ende des 20. Jahrhunderts wurden viele Goldminen direkt im Stadtgebiet ausgebeutet. Heute entwickelte sich Johannesburg von der alten Goldgräberstadt zur Finanzmetropole Südafrikas.

JOHANNESBURG

Johannesburg ist nach Kairo und Alexandria die drittgrößte Stadt des afrikanischen Kontinents. Die moderne Skyline von Downtown (unten, Folgeseiten und links mit der Nelson Mandela Bridge im Vordergrund) zeigt jedoch nur die Sonnenseite dieser Finanz- und Industriemetropole. Auch mit dem Ende der Apartheid wurden längst noch nicht alle Probleme beseitigt.

JOHANNESBURG

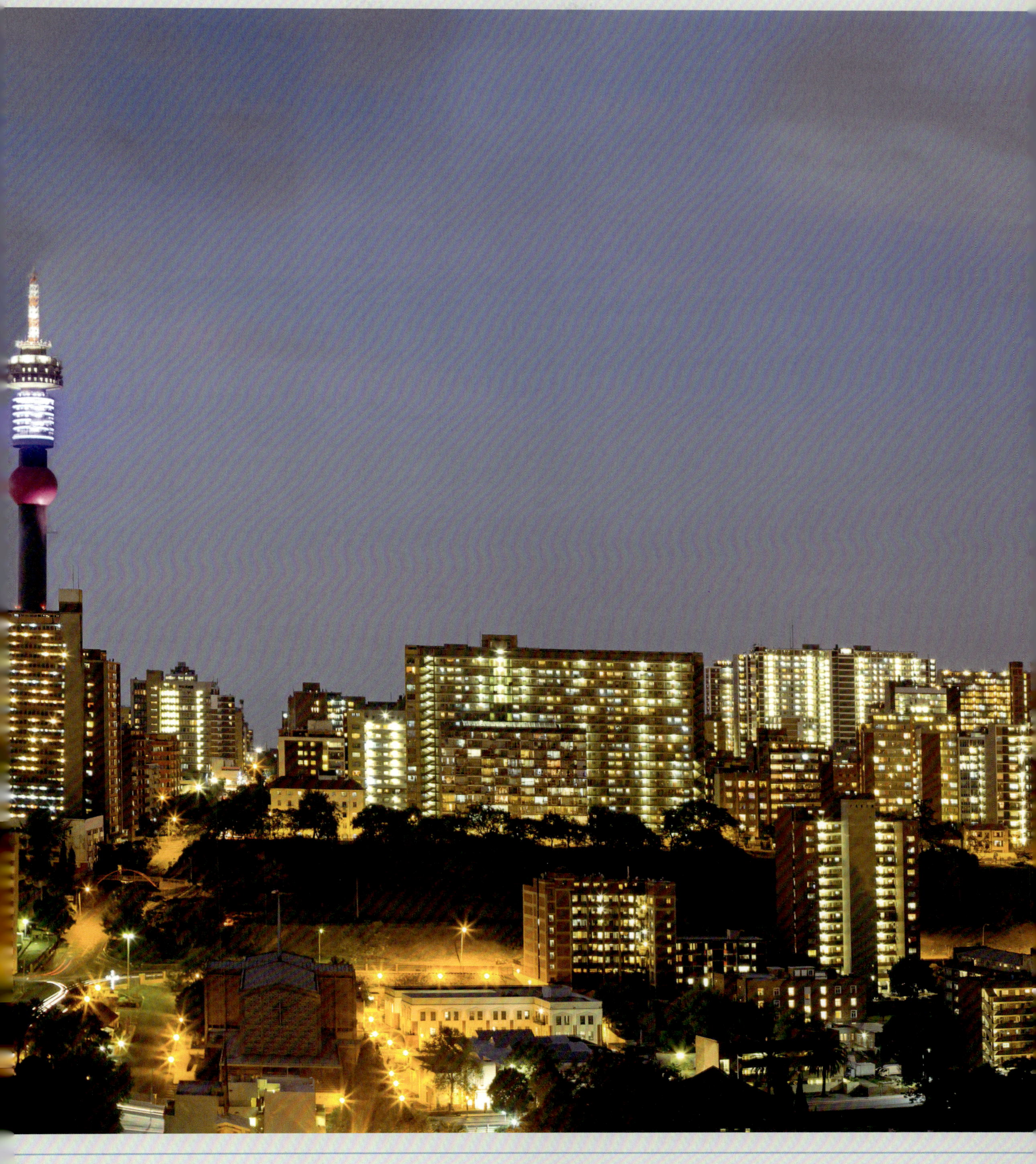

JOHANNESBURG: MUSEEN

Viele Museen in Johannesburg widmen sich der jüngeren Geschichte Südafrikas: Der Komplex MuseuMAfricA nähert sich Themen wie Apartheid, Lebensbedingungen und Arbeitswelt der Schwarzen auf beklemmende Weise und versetzt den Besucher zum Beispiel durch Film- und Hördokumente in die bedrückende Atmosphäre der Gerichtsverhandlungen gegen ANC-Führer. »The Road to Democracy« beschreibt Nelson Mandelas Lebensweg. Einen ganz anderen Aspekt beleuchtet die Ausstellung »Sounds of the City«, in der die Musikkultur der 1950er-Jahre in einer nachgebauten Kneipe, *shebeen*, lebendig wird. Apartheid und der Kampf gegen die Ideologie der Rassentrennung sind ebenfalls Thema des Apartheidmuseums am Stadtrand. Auch hier werden die Brutalität des Polizeiapparats und die alle Bereiche durchdringende Ideologie anschaulich dargestellt.

JOHANNESBURG: MUSEEN

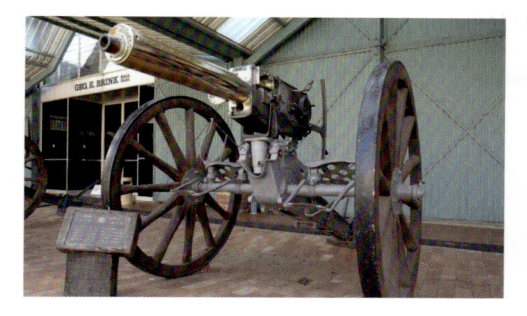

In Apartheidmuseum Johannesburgs (Abbildungen unten) werden die erschreckenden Lebensbedingungen der Schwarzen unter dem Apartheidregime so eindrücklich dargestellt, dass sich der Besucher der Wirkung kaum entziehen kann. Besichtigen kann man auch das ehemalige Gefängnis im bedrückenden Constitution Hill Museum (links). Ganz links: South African National Museum of Military History.

SOWETO

Mit dem Namen Soweto verbindet sich eines der dramatischsten Ereignisse während des Apartheidregimes: Hier fand am 16. Juni 1976 jene Schülerdemonstration statt, die den ersten Aufstand der unterdrückten schwarzen Mehrheit auslöste. Bis zu 200 Jugendliche kamen bei den Auseinandersetzungen ums Leben, blutig niedergeschlagen von der Polizei. Dieses Ereignis bedeutete einen wichtigen Wendepunkt im Kampf um Gleichberechtigung und Freiheit. Nach dem – das Ende der Apartheid markierenden – Sieg des African National Congress (ANC) bei den ersten freien Wahlen in Südafrika im April 1994 hat sich auch das Leben in der rund 15 Kilometer südwestlich vom Zentrum Johannesburg entfernt liegenden, aus etwa 50 kleineren Siedlungen zu einer riesigen Vorstadt zusammengewachsenen »South Western Township« (abgekürzt: »Soweto«) verändert. Vielfach zum Positiven, auch wenn es immer noch viele Probleme gibt. Zur Fußball-WM 2010 wurde das hier gelegene Fußballstadion, Soccer City genannt, ausgebaut. Als größtes Fußballstadion der Welt mit knapp 95 000 Plätzen fanden hier nicht nur Eröffnungs- und Finalspiel statt, es wird auch für Konzerte genutzt. Nelson Mandelas erste Rede nach seiner Freilassung hielt er in dem Rund, und auch der Gedenkgottesdienst nach seinem Tod wurde hier gefeiert.

SOWETO

Auch wenn der Berg im Hinterland Mountain of Hope heißt: In Soweto lässt sich nicht überall Grund zur Hoffnung erkennen. Wohnen in Soweto bedeutet aber nicht zwangsläufig Armut; manche Familie besitzt ein schmuckes Häuschen. Das Konterfei von Nelson Mandela und seinen Parteigenossen ziert viele Wände (unten). Tragische Berühmtheit erlangte das Viertel durch die Aufstände 1976 (links).

GAUTENG/NORDWEST/FREISTAAT

SOWETO

SOWETO

Mit Förder- und Sportangeboten versucht die Regierung, Kindern aus Soweto eine Zukunftsperspektive zu geben.

TOWNSHIPS

Obwohl es in der heutigen, offiziellen Sprachregelung Townships nicht mehr gibt und jedem Bewohner Südafrikas das Recht zusteht, sich niederzulassen, wo er möchte, gehören zu so gut wie jeder Stadt nach wie vor Siedlungen, in denen vorrangig Schwarze wohnen. Die Voraussetzungen für die Townships schuf der 1945 verabschiedete Natives Urban Areas Consolidation Act, in dem festgelegt wurde, dass nicht weiße Bevölkerungsgruppen getrennt von den Weißen leben mussten. Er hatte den Bau von Siedlungen zur Folge, in denen Schwarze, nach Ethnien gruppiert, an die Peripherie der weißen Städte gezwungen wurden. In den meisten gab es weder asphaltierte Straßen noch Strom, das Wasser lieferte ein zentraler Brunnen und die Ein-Zimmer-Häuschen besaßen keine Toilette. Die Mehrzahl der Schwarzen lebt bis heute unter ähnlichen Bedingungen, weil ihnen die finanziellen Mittel für besseren Wohnraum fehlen. Es gibt aber innerhalb der ehemaligen Townships auch Stadtviertel, in denen sich gut situierte Bewohner komfortable Villen errichten ließen. Südafrikas berühmteste Township ist Soweto – mit etwa 1,3 Millionen Einwohnern eine eigenständige Großstadt. Umgeben ist sie von Squattersiedlungen, also von improvisierten und zumeist illegalen Behausungen von Landflüchtigen oder Zuzüglern aus Nachbarländern.

TOWNSHIPS

Grün ist die Hoffnung – und die Zukunft: Im Alexandra Township in Johannesburg sorgen Solaranlagen auf den Dächern der dürftigen Unterkünfte für warmes Wasser (unten). Das Stadtviertel mit seinen rund 200 000 Einwohnern liegt am meist sehr verschmutzten Jukskei River (links). Und wie so häufig zu beobachten: Direkt an Alexandra grenzt mit Sandton eines der wohlhabendsten Viertel der Metrolpolregion.

MUSIKALISCHES SÜDAFRIKA: »TOWNSHIP JIVE«

Von den Townships gingen wichtige musikalische Impulse aus: Sie waren die Wiege einer musikalischen Revolution, mit der die schwarze Bevölkerungsmehrheit ihre Fusion tradierter Musikstile mit den von den Weißen importierten Formen des Jazz vollzog. Der in Südafrika unter seinem Zulu-Namen »Mbaqanga« bekannte, weltweit »Township Jive« genannte Musikstil entwickelte sich mit der Urbanisierung Südafrikas in den Wohngebieten der Schwarzen, vorrangig in den 1950er-Jahren in den Townships von Johannesburg. Gespielt wurde der Jive auf westlichen Instrumenten wie E-Gitarren, Bass und Saxofon, oft untermalt mit dem hellen Stakkato der Pennywhistle, einer aus Blech gearbeiteten Flöte, und begleitet von kraftvollem Gesang. Treibende Rhythmen verliehen dem Jive seinen unwiderstehlichen Schwung. Lange blieb diese Bewegung auf ihr schwarzes Umfeld beschränkt; weiße Radiostationen weigerten sich, den Jive zu senden. So lebten die ersten Stars des Mbaqanga wie Mahlatini, der »Löwe von Soweto«, trotz ihrer Berühmtheit in Armut. Der internationale Durchbruch gelang dem Musikstil in den 1960er-Jahren mit Miriam Makeba, die im Prospect Township bei Johannesburg geboren wurde und lange im Exil lebte. Heute haben neue Strömungen wie Hip-Hop oder Reggae den Jive abgelöst.

MUSIKALISCHES SÜDAFRIKA: »TOWNSHIP JIVE«

»Musik«, wusste schon Victor Hugo, »drückt das aus, was nicht gesagt werden kann und worüber zu schweigen unmöglich ist.« Und so ist sie auch fester Bestandteil des Alltags in den Townships (links eine Familie in Gugulethu, einem Vorort Kapstadts). Auch in zahlreichen der illegalen Bars, den *shebeens*, gehört Livemusik zur Abendunterhaltung und ein von ihr inspiriertes Wandgemälde zur Ausstattung (unten).

MADIKWE GAME RESERVE

Madikwe im Norden der Provinz Nordwest an der Grenze zu Botsuana wurde erst 1991 auf ehemaligem Farmland eingerichtet und zählt zu den wenig bekannten Schutzgebieten Südafrikas. In der Region geht das Bushveld in die Kalahari über, sodass hier sowohl Buschbewohner wie auch wüstenangepasste Tiere leben können. In einer aufsehenerregenden, sieben Jahre dauernden Umsiedlungsaktion wurde damals Wild aus anderen Naturschutzgebieten und aus den Nachbarländern in das neue Game Reserve gebracht – 180 Elefanten kamen aus Simbabwe, die Löwen aus dem Etoscha-Nationalpark in Namibia. Heute zählt Madikwe rund 12 000 Tiere, darunter Vertreter der Big Five sowie mehrere Horden der äußerst seltenen und vom Aussterben bedrohten Afrikanischen Wildhunde, deren Sichtung zu den Höhepunkten einer Pirschfahrt durch das Game Reserve zählt.

MADIKWE GAME RESERVE

Hier sind sie zu Hause, die »Big Five«, die jeder Südafrikareisende vor die Fotolinse bekommen möchte. Neben den großen Tiere bevölkern aber auch viele Wildhunde und Impalas (links) das Madikwe Game Reserve. Unterkünfte gibt es hier zur Genüge – von der einfachen Holzhütte bis hin zur Luxuslodge. Vor der Natur und der Demut gebietenden Landschaft sind aber alle gleich: Arm und Reich, Tier und Mensch.

SUN CITY

Die afrikanische Antwort auf Las Vegas heißt Sun City. Nicht zufällig wurde die im Jahr 1977 erbaute Fantasiestadt im Nordwesten von Johannesburg in der zeitgleich für unabhängig erklärten Republik Bophuthatswana, einem ehemaligen Homeland, errichtet. Hier galten liberalere Gesetze für das Glücksspiel, auch die Apartheid betreffend. So wurde Sun City nicht nur zum Spielerparadies, sondern auch ein Fluchtpunkt für multikulturelle Paare, die ihre Beziehung hier ganz offen leben konnten. Im Jahr 1992 wurde der Glücksspiel- und Hotel-Komplex schließlich noch durch »Lost City« erweitert, das in Disneyland-Manier die Kulturen Afrikas vorstellt. Ein – vom Tonband – mit Tierstimmen beschallter Regenwald sowie eine paradiesische Meereslagune komplettieren das Klischeebild vom Schwarzen Kontinent rund um das luxuriöse Hotel »The Palace«.

SUN CITY

Traumpaläste und Spielhöllen: Sun City, etwa 150 Kilometer nordwestlich von Johannesburg und Pretoria gelegen, ist eine Märchenstadt der Zocker, eine schillernde Geldmaschine mit dem einstmals größten Casino der Welt und luxuriösen Hotels wie dem prunkvollen »The Palace« (alle Abbildungen) in dem Komplex »Lost City«. Unten: der Poolbereich des Hotels; ganz links: die Lobby; links: das Hauptrestaurant.

PILANESBERG NATIONAL PARK & GAME RESERVE

Die Gründung des Pilanesberg National Park Ende der 1970er-Jahre war ein Vorbild für viele andere Schutzgebiete: Ausgelaugtes Farmland wurde vom Staat aufgekauft, das Areal wildsicher eingezäunt und mittels Straßen und Lodges erschlossen. Im Rahmen der »Operation Genesis« wurden 6000 Tiere nach Pilanesberg gebracht. Game Drives durch den Park haben häufig den Mankwe Dam zum Ziel, einen künstlich angelegten See, an dem sich das Wild zum Trinken versammelt. An seinem Ufer sind Elefanten, Wasserböcke, Gnus, Zebras und Impalas bestens zu beobachten. Zum Wildbestand des Reservats zählen auch Löwen, Leoparden, Büffel und Nashörner sowie Afrikanische Wildhunde. Direkt angrenzend liegt Südafrikas Freizeit- und Casinoparadies Sun City. Seine Besucher unternehmen meist auch einen Abstecher nach Pilanesberg, weshalb im Park häufig ziemlicher Trubel herrscht.

Einer der größten Vulkane der Erde: Der Pilanesberg hat einen Durchmesser von 25 Kilometern, ist aber schon vor Jahrmillionen erloschen (rechts). Unten: Breitmaulnashorn und Impala.

HARTBEESPOORT DAM RESERVOIR

Der zu Beginn des 20. Jahrhunderts angelegte Stausee unweit von Pretoria zählt zusammen mit dem ihn umgebenden Wildschutzgebiet zu den beliebten Ausflugszielen der Hauptstädter. Bootfahren, Windsurfen, Parasailing und Jetskifahren sind nur einige der Sportarten, die Aktive auf seiner Oberfläche ausüben; Wagemutige betrachten die Szenerie des türkis zwischen den Margaliesbergen glitzernden Sees vom Heißluftballon oder gar vom Gleitschirm aus. Eine Seilbahn bringt Fahrgäste auf die Margaliesberge in rund 1800 Meter Höhe, von wo aus sich faszinierende Panoramen eröffnen. Das Wasser der aufgestauten Magalies und Crocodile River dient zur Bewässerung des umliegenden Landes; es ist allerdings durch Phosphate und Abwässer, die im Einzugsgebiet der beiden Flüsse eingeschwemmt werden, sehr stark belastet. Dieser Belastung verdanken die Flüsse auch ihre leuchtend oder besser »giftgrüne« Farbe.

Giftgrün im wahrsten Sinne des Wortes stürzt sich das phosphatbelastete Wasser am Hartbeespoort Dam durch die Schleusen der 59 Meter hohen Staumauer.

PILANESBERG NATIONAL PARK & GAME RESERVE

HARTBEESPOORT DAM RESERVOIR

BLOEMFONTEIN

Bloemfontein (»Blumenquelle«) liegt zentral im Hochveld auf einer Höhe von 1392 Metern. Die Kapitale der Provinz Free State wurde um das Jahr 1840 als Farm gegründet. Sehr schnell, 1854, wurde die entstandene Siedlung Hauptstadt des Oranje-Freistaats und war deshalb im Zweiten Burenkrieg (1899–1902) stark umkämpft. Zur Abwendung weiterer Zerstörungen erklärten die Bürger Bloemfontein 1900 zur »offenen Stadt« und ließen die belagernden Engländer ein. Sehenswerte Museen und historische Bauten sorgen für Bloemfonteins Anziehungskraft. Diese hängt auch damit zusammen, dass hier 1892 J. R. R. Tolkien geboren wurde, der mit seinem weltberühmten Roman »Der Herr der Ringe« einen Klassiker des Fantasygenres geschaffen hat. Ihm zu Ehren veranstaltet die Stadt jährlich ein Tolkien-Festival; im »Hobbit Hotel« schmücken Romanmotive die Räume.

BLOEMFONTEIN

Schneidig reitet der Burengeneral Christiaan de Wet auf seinem Sockel vor dem Fourth Raadsaal in den blauen afrikanischen Himmel (links). Auch Bloemfontein ist für die Buren ein historisch bedeutsamer Ort. Zudem wurde mit dem Supreme Court of Appeal hier Südafrikas höchster Gerichtshof angesiedelt. Eine Statue des Burenpräsidenten Marthinus Theunis Steyn schmückt den Vorplatz der Universität (unten).

EASTERN FREE STATE

Ländliches Idyll empfängt den Besucher im Eastern Free State. In Farmerstädtchen wie Ficksburg oder Fouriesburg scheint sich seit deren Gründung Ende des 19. Jahrhunderts kaum etwas verändert zu haben. Historische Sandsteinbauten prägen das Ortsbild, und die Menschen pflegen bäuerliche Traditionen wie das alljährliche Kirschenfest im November. Zu eigenwilligen Formen erodierte Sandsteinfelsen verleihen dem weiten, landwirtschaftlich genutzten Becken nördlich des Hochlands von Lesotho einen besonderen Reiz. Obwohl die Region auf den ersten Blick so friedlich wirkt, ist sie ein Ausflugsziel für Aktivsportler, die in den Gebirgszügen von Rooi- und Wittenbergen wandern oder klettern. Wildwasserfahrer messen ihr Können an den Stromschnellen des Ash River. Nicht weit entfernt lockt der Golden Gate Highlands National Park mit grandioser Landschaft und großem Wildreichtum.

EASTERN FREE STATE

Landwirtschaft mit Kornfeldern und weidenden Rindern (Abbildungen unten) bestimmt das Gesicht im Osten der Provinz Freistaat rund um die Kleinstadt Fouriesburg. Die Gegend gilt als Kornkammer Südafrikas, auch die Vegetation scheint nicht so recht zum Schwarzen Kontinent zu passen. Nur die flachen Basalthügel lassen erahnen, dass man sich immer noch in Afrika befindet.

GOLDEN GATE HIGHLANDS NATIONAL PARK

Mit sanft gewellten Hügeln und schroffen Sandsteinklippen bieten die Maluti Mountains einen faszinierenden Rahmen für den artenreichen, dabei aber selten besuchten Nationalpark im Eastern Free State. Dank der nur mit Gras und vereinzelten Akazien bestandenen Hänge und Täler ist das Wild schon von Weitem auszumachen. Besonders viele Antilopenarten sind im Grasland beheimatet, darunter Blessbock, Oribi, Eland und Bergriedbock. Auch Steppenzebras und Warzenschweine lassen sich gut beobachten. Obwohl der Vogelreichtum bei Weitem nicht mit Naturschutzgebieten im Tiefland vergleichbar ist, haben zwei besonders seltene Spezies im Golden Gate ihren Lebensraum: der Bartgeier und der Waldrapp. Auf gut angelegten Wanderwegen kommen Besucher der Tierwelt nahe und erkunden die vielen Höhlen und Unterstände, in denen San Felsbilder hinterlassen haben.

GOLDEN GATE HIGHLANDS NATIONAL PARK

Dieses Golden Gate hat nichts mit der berühmten Brücke in San Francisco zu tun. Doch die monumentalen Sandsteinformationen am Fuß der Maluti-Berge im Zentrum Südafrikas sind nicht minder spektakulär. Seinen ganzen Zauber entfaltet der Sandstein erst in der Abenddämmerung. Dann überzieht ihn die Sonne mit einer goldenen Schicht und lässt ihn glänzen, als sei eine Schatztruhe geöffnet worden.

GAUTENG/NORDWEST/FREISTAAT

GOLDEN GATE HIGHLANDS NATIONAL PARK

GOLDEN GATE HIGHLANDS NATIONAL PARK

Sandsteinformationen, die in der untergehenden Sonne golden und rubinrot glühen: Golden Gate bietet eine nie gesehene Farbintensität.

DIE BASOTHO

Die Vorfahren des heute als Basotho bezeichneten Staatsvolks von Lesotho lebten bereits seit dem 17. Jahrhundert im südlichen Afrika. Den Zusammenschluss zu einer Nation vollzogen sie allerdings erst in der ersten Hälfte des 19. Jahrhunderts unter dem Eindruck der Eroberungszüge der Ndebele und Zulu, die kleinere Ethnien verdrängten oder mit deren Unterwerfung endeten. Der einzige Anführer, der der Übermacht der Zulu standhielt, war der Bakoena-Herrscher Moshoeshoe I. Auf dem Gebiet des heutigen Lesotho gelang es ihm, mehrere Sotho-Volksgruppen mit seinen Bakoena zu vereinen und damit die Basotho zu formen. Geschickt und durchaus kampfbereit widersetzte er sich sowohl den Ansprüchen der Zulu wie jenen der Buren, die das Hochland Lesothos ebenfalls bedrängten. 1868 begab er sich deshalb sogar unter den kolonialen Schutz der Briten, die seinem Reich weitgehende Autonomie garantierten. Der König wird als Gründervater Lesothos bis heute tief verehrt. Obwohl die Basotho bereits früh christianisiert wurden – einer der Missionare fungierte sogar als eine Art Außenminister Moshoeshoes –, haben sie die traditionelle, in Verwandtschaftsverbänden organisierte Gesellschaftsstruktur und viele althergebrachten Glaubensvorstellungen bewahrt.

DIE BASOTHO

Im Basotho Cultural Village (alle Abbildungen) inmitten des Golden Gate National Park wird das traditionelle Leben der Basotho lebendig: Eine Frau mahlt feines Maismehl (links); Basotho-Männer und -Frauen zeigen ihre Hütten und Unterkünfte (unten rechts) sowie die »kothla« (unten links), das Versammlungshaus der Männer. Nach wie vor bestimmen Ältestenversammlungen die lokale Politik.

LIMPOPO/MPUMALANGA

Mpumalanga, in der Sprache der Swazi der »Ort an dem die Sonne aufgeht«, nimmt zusammen mit der Nachbarprovinz Limpopo den Nordosten Südafrikas ein. Die Region präsentiert sich vielseitig: Die majestätische Gebirgskette der im Süden über 3000 Meter hohen Drakensberge, die von ungewöhnlichen Erosionsskulpturen, reißenden Flüssen und tief eingeschnittenen Schluchten geprägt sind, geht hier schroff in die Ebene des Lowveld über. Das mit Busch und Mopanebäumen bestandene Tiefland ist Heimat des berühmten Krüger-Nationalparks und weiterer wildreicher Game Reserves.

Mpumalanga, die ehemalige Provinz Ost-Transvaal, besteht vor allem aus hoch gelegenem Grasland, dem Highveld. Einige der ältesten Gesteinschichten der Erdgeschichte sind hier zu finden, vor allem in der Nähe der Stadt Barberton im Südosten der Provinz.

NDEBELE

Etwa im 16. Jahrhundert wanderten die Ndebele in ihre südafrikanischen Siedlungsgebiete ein. Unter der Knute der Apartheid wurde ihnen das Homeland Kwa Ndebele nördlich der Hauptstadt Pretoria zugewiesen. Dort leben viele der rund 400 000 Ndebele noch heute. Die meisten Dörfer sind nur von Frauen, Kindern und Alten bewohnt – die Männer müssen auch im neuen Südafrika zur Arbeit in die Industriezentren ziehen. Doch trotz der Einschränkung des Lebensraumes und der Zerrissenheit der Familien haben die Traditionen der Ndebele – vor allem ihre Liebe zu kunstvoll-grafischem Körper- und Wandschmuck – in den Enklaven alle Veränderungen überdauert. Die Tradition der Fassadenmalerei ist so alt wie das Volk, manche Muster wurden von Generation zu Generation weitergegeben. Andere wiederum entstehen unter dem Eindruck der Neuzeit, abstrahieren moderne Errungenschaften wie Auto und Fernsehen, modifizieren Gegenstände des Alltags wie das beliebte »Rasierklingen-« oder das »Treppenmotiv«. Jedes Haus trägt die persönliche Note seiner Bewohner, doch die Muster verändern sich, werden erneuert und übermalt, etwa wenn bedeutende rituelle Ereignisse stattfinden. Lebendige Kunst im Wandel der Zeit sind die Malereien der Ndebele; zugleich bewahren sie die Tradition vorhergehender Generationen.

NDEBELE

Abstrakte Muster und strahlende Farben zeichnen die Wandmalereien, den Schmuck und die Kleidung der Ndebele-Frauen aus. Ursprünglich malten sie mit Erdfarben; heute mischen sie moderne Acrylfarben, die vom Regen nicht so leicht abgewaschen werden, mit Lehm. Die Farbigkeit übernahmen sie von portugiesischen Seefahrern, die im 16. Jahrhundert bunte Glasperlen mitbrachten.

LIMPOPO/MPUMALANGA

MAGOEBASKLOOF

Benannt ist der Magoebaskloof nach einem Zulu-Führer, der burischen Verbänden lange die Stirn bot, bevor diese ihn 1895 in der Schlucht stellten und töteten. Besondere klimatische Bedingungen und häufiger Nebel begünstigen in der Gebirgsregion der nordöstlichen Drakensberge eine üppige, fast urwaldartige Vegetation. Im eher kargen Bushveld der Provinz Limpopo gelegen, beherbergt die von kristallklaren Bächen durchflossene Oase eine artenreiche Vogelwelt. Gelbstreifenbülbül, Bergbussard und Olivwürger sind nur einige der hier vorkommenden Arten. Zahlreiche Wanderwege führen durch die von Lianen und Farnen überwucherten Täler und zu den Wasserfällen Debegeni Falls. Besonders abenteuerlich ist eine Canopy-Tour mit dem Flying Fox, dessen Drahtseil über insgesamt 13 Plattformen kreuz und quer über das Tal und den Groot Letaba River führt.

MAGOEBASKLOOF

»Land des Silbernebels« wird die waldreiche Region Magoebaskloof auch genannt, weil sie viele Tage des Jahres in einen sanften Nebelschleier gehüllt ist. Der endemische Wald zeigt sich dicht und verworren, voller Lianen, Pilze und Farne und durch kristallklare Bäche verwoben, die sich in natürlichen Becken stauen. Eine Baumkronen-Tour lässt die grüne Welt hautnah von oben erleben (unten).

LIMPOPO/MPUMALANGA

MAGOEBASKLOOF

MAGOEBASKLOOF

Die Feuchtigkeit der vielen Nebel hat einen üppigen afromontanen Wald geschaffen, der eine abwechslungsreiche grüne Oase bildet.

MARAKELE NATIONAL PARK

Der 1994 eingerichtete, relativ unbekannte Nationalpark geriet 1999 in den Fokus der südafrikanischen Öffentlichkeit. Damals kämpften Tierschutzorganisationen gegen einen professionellen Wildfänger und -makler, der 30 in Botsuana gefangene Jungelefanten erworben und unter unzumutbaren Bedingungen in Südafrika untergebracht hatte, um sie weiterzuverkaufen. Sieben dieser Tiere gingen an deutsche und Schweizer Zoos, und weitere 14 waren bei verschiedenen Safariveranstaltern gelandet, bevor das Oberste Gericht in Pretoria den Tierschützern Recht gab und den Händler wegen Verstöße gegen den Artenschutz verurteilte. Die verbliebenen 14 Elefanten wurden in Marakele ausgewildert. Mit seinen Grassavannen und den mit Yellowwood, Zedern und mächtigen Palmfarmen bestandenen Tälern am Fuß der Waterberge stellt es ein ideales Habitat für die Grauen Riesen dar.

MARAKELE NATIONAL PARK

Der ganze Reigen der afrikanischen Wildtiere ist im Marakele-Nationalpark zu beobachten. Und zu den Stars des Parks gehören unzweifelhaft die vielen Elefanten. Man muss nur ein paar Zahlen sprechen lassen, um die Imposanz des größten Landsäugetiers zu begreifen: Bis zu fünf Tonnen schwer und fast vier Meter hoch wird der Afrikanische Elefant, dessen Stoßzähne drei Meter lang und zwei Zentner schwer werden.

LIMPOPO/MPUMALANGA

MAPUNGUBWE NATIONAL PARK

Den Mapungubwe-Nationalpark zeichnen Artenreichtum, landschaftliche Schönheit und hohe kulturelle Bedeutung aus. Seinen Kern bildet der Hügel der zum UNESCO-Weltkulturerbe erklärten Königsstadt Mapungubwe, die zwischen dem 11. und 13. Jahrhundert Mittelpunkt eines mächtigen Reiches mit bis nach Asien reichenden Handelsbeziehungen war und dem Park den Namen gab. Sandsteinhügel, Mopanebaum-Savanne, gigantische Baobabs und tiefgrüne Galeriewälder entlang des Limpopo- und des Shashe-Flusses bieten verschiedensten Tierarten einen Lebensraum. Krokodile und Flusspferde suhlen sich in Wasserlöchern und -läufen, Breitmaulnashörner, Elefanten, Giraffen und Großantilopen wie Elen, Kudu oder Spießbock durchstreifen die Savanne. Leoparden, Löwen und Hyänen gehen in dem 30 000 Hektar großen Areal auf Jagd.

MAPUNGUBWE NATONAL PARK

Mapungubwe soll im Laufe der nächsten Jahre mit den benachbarten Nationalparks in Botsuana und Simbabwe zu einem grenzüberschreitenden Friedenspark zusammengelegt werden. In dem Gebiet vereinigen sich auch inmitten üppiger Bushveldvegetation die beiden großen Flüsse Limpopo und Shashe (links) – die idealen Bedingungen für das Wasserbockweibchen und ihr Jungtier (unten).

MAKALALI GAME RESERVE

Makalali ist eines der vielen privaten Game Reserves im Umkreis des Krüger-Nationalparks. In der charakteristischen Landschaft des Lowvelds leben bis auf Büffel alle Großwildarten, die auch im Krüger beobachtet werden können. Eine Besonderheit des Game Reserve ist seine Familienfreundlichkeit: Während in den meisten anderen privaten Schutzgebieten Kinder unter zwölf Jahren nicht aufgenommen werden, unterhält Makalali seine kleinen Gäste mit einem besonderen Betreuungsangebot. Engagiert zeigt sich das Unternehmen auch in der Ausbildung von Volunteers: In einem einwöchigen Programm trainieren Freiwillige das Verhalten in der freien Wildbahn und den Umgang mit den Tieren. Sie nehmen auch an Projekten wie Wildzählungen oder Verhaltensbeobachtung teil und erleben so die arbeitsreiche Realität, die touristische Wildbeobachtung erst möglich macht.

MAKALALI GAME RESERVE

Giraffen (großes Bild), Flusspferde und Elefanten (links) fallen dem Besucher des Makalali Game Reserve gleich ins Auge, aber auch die unglaubliche Artenvielfalt der Vogelwelt verdient Beachtung: Unter anderem tummeln sich Maskenweber und Grautoko hier (Bildleiste von oben). Ersterer ist für seinen extravaganten Nestbau bekannt, Letzterer macht durch einen ungewöhnlichen Ruf auf sich aufmerksam.

LIMPOPO/MPUMALANGA

MAKALALI GAME RESERVE

MAKALALI GAME RESERVE

Solche Freunde muss man haben: Der Madenhacker entfernt Parasiten aus dem Fell der Impalas und warnt sie vor Fressfeinden.

LIMPOPO/MPUMALANGA

DIE »BIG FIVE«: NASHÖRNER

Die am heftigsten von Wilderern verfolgten Vertreter der Big Five standen in den Ländern des südlichen Afrika kurz vor der Ausrottung. Von dem als sanftmütiger geltenden Breitmaulnashorn lebten zu Beginn des 20. Jahrhunderts ganze 50 in freier Wildbahn; sein aggressiverer Artgenosse, das Spitzmaulnashorn, erlebte zwischen 1970 und 1993 einen Niedergang von 650 000 auf 2300 Exemplare. Dank privater wie staatlicher Schutzbemühungen haben sich die Bestände mittlerweile erholt und stabilisiert. Man schätzt, dass heute rund 20 000 Breitmaul- und 5000 Spitzmaulnashörner durch Afrikas Savannen streifen, die große Mehrheit, über 80 Prozent, in Südafrika. Wilderer verfolgen die Tiere wegen ihres Horns, das im Jemen zu Dolchgriffen und in Ostasien zu Pulver verarbeitet wird, das nach Lehrmeinung der traditionellen chinesischen Medizin gegen Fieber helfen soll. Preise von mehr als 50 000 US-Dollar für ein Kilo Horn sind nicht ungewöhnlich. Wurden die Rhinos früher meist von Einzeltätern verfolgt und aufgespürt, operieren Wilderer heute in gut organisierten Gruppen mit moderner Navigation und Waffen, oft sogar vom Hubschrauber aus. Die Zahl der in Südafrika getöteten Tiere ist deshalb seit 2010 leider wieder dramatisch gestiegen, von 333 auf über 1000 im Jahr 2013.

DIE »BIG FIVE«: NASHÖRNER

Ein imposantes Statussymbol für das Tier, das ihm immer wieder zum Verhängnis wird: Da das Horn der Nashörner eine solch begehrte Beute ist, sind einige Wildparks dazu übergegangen, ihre Nashörner selbst zu enthornen, um den Wilderern keinen Anreiz zu bieten. Die Hörner bestehen nur aus Keratin, sind also für die Tiere schmerzlos zu entfernen. Unten: Breitmaulnashörner, links: Spitzmaulnashorn.

LIMPOPO/MPUMALANGA

KAPAMA GAME RESERVE

Auch das Kapama Game Reserve zählt zu den vielen privaten Schutzgebieten in der Nähe des Krüger-Nationalparks. Das Reservat entwickelte sich ab 1986 auf dem Gelände mehrerer Farmen, die sich nicht zur Rinderzucht eigneten. Auf dem 13 000 Hektar großen, mit Baumsavanne bestandenen Areal leben mit Elefanten, Nashörnern, Büffeln, Löwen und Leoparden die Big Five, außerdem zeigen sich Hyänen, der seltene Erdwolf und Geparde. Neben den normalen Pirschfahrten im offenen Geländewagen, nächtlichen Game Drives und begleiteten Wildniswanderungen können Gäste von Kapama auch Wildbeobachtungsritte auf Elefanten unternehmen – eine ungewöhnliche Erfahrung, denn Afrikanische Elefanten gelten als nur schwer zähmbar. Gelenkt werden sie von erfahrenen Rangern, die jede Laune ihres Tieres genau kennen.

KAPAMA GAME RESERVE

Auf Elefantenrücken begegnet man dem Wild nicht mehr als Eindringling und kommt ihm deshalb ganz nahe (links). Solche Touren werden nur in wenigen Reservaten Afrikas angeboten. Bei den Ausritten hat man die Möglichkeit, auch eher scheue Zeitgenossen wie den Karakal zu beobachten (unten). Diese auch als »Wüstenluchs« bekannte Raubkatze ist ein vor allem nachtaktiver Jäger.

LIMPOPO/MPUMALANGA

KRUGER NATIONAL PARK

Der Krüger-Nationalpark ist das beliebteste Touristenziel Südafrikas und ein wichtiger Devisenbringer: Im Jahr 1898 wurde das vielleicht tierreichste Schutzgebiet des Schwarzen Kontinents eingerichtet; etwa 2000 Kilometer Pisten und Teerstraßen erschließen die knapp 20 000 Quadratkilometer große Wildnis, mehr als 20 »Rest Camps« – vom einfachen Zeltlager bis zum Luxuscamp – bieten Unterkunft. Von den Dornbuschsavannen des Nordens wird die Vegetation nach Süden hin immer dichter: Mopanewälder, weite, grasbestandene Ebenen und dichte Akazienhaine sind der Lebensraum von Breit- und Spitzmaulnashörnern, Elefanten, 17 verschiedenen Antilopenarten und 1500 Löwen. Büffel wandern durch den Busch, Giraffen knabbern an den Blättern einer Schirmakazie und die mit mehr als 500 Arten überaus reiche Vogelwelt sorgt für ein unterhaltsames Konzert.

KRUGER NATIONAL PARK

Benannt wurde der Park nach Paul Kruger (1825–1904), dem von deutschen Einwanderern abstammenden früheren Präsidenten der Republik Transvaal und geistigen Vater des Reservats. Die beste Zeit zur Wildbeobachtung sind die frühen Morgenstunden und der späte Nachmittag. Löwen und Leoparden (unten) gehören zur artenreichen Tierwelt ebenso dazu wie Bärenpaviane und Nyalaantilopen (links).

LIMPOPO/MPUMALANGA

DIE »BIG FIVE«: LÖWEN

Die Begegnung mit Löwen zählt zu den Höhepunkten der Wildbeobachtung in Südafrika, doch macht der König der Tiere die meiste Zeit des Tages einen ziemlich trägen Eindruck. Am liebsten ruht er im Schatten unter einem Baum oder verschafft sich müde blinzelnd von einer kleinen Anhöhe aus einen Überblick über das Geschehen um ihn herum. Das dominante Männchen ist dabei meist von seinem Weibchenrudel begleitet. Doch selbst in diesem Zustand machen die Raubtiere einen überaus imposanten Eindruck. Auf Jagd begeben sich Löwen in der Dämmerung. Dann kreisen die Weibchen das Wild ein, trennen es von seiner Herde und erlegen es mit einem Biss in den Hals oder einem erstickendem Biss in die Nüstern. Ob und wie häufig auch die Männchen jagen, ist von Region zu Region unterschiedlich. Anders als die meisten Raubkatzen leben Löwen in größeren Rudelgemeinschaften, zu denen Weibchen mit ihren Jungen sowie ein bis mehrere Männchen zählen. Lebensraum der Löwen sind Gras- und Baumsavannen, allerdings gibt es auch Untergattungen, die sich besonderen Umweltbedingungen angepasst haben. Zu diesen zählen beispielsweise die in der Kalahari lebenden Löwen. Sie sind kleiner als ihre Artgenossen aus der Savanne, weisen eine helle, fast sandfarbene Fellfärbung auf und tragen eine mächtige, dunkle Mähne.

DIE »BIG FIVE«: LÖWEN

Der König der Tierwelt: Welche Tiere im Krüger-Nationalpark an der Spitze der Nahrungskette stehen, weiß dieser Löwe ganz genau – und präsentiert sich entsprechend selbstbewusst. Seine sanften, bernsteinfarbenen Augen können nicht darüber hinwegtäuschen, dass er ein unbarmherziger Jäger ist. Die Jagd überlässt er aber fast ausschließlich den Weibchen, die ihm bei Fressen aber den Vortritt lassen.

KRUGER NATIONAL PARK: LANNER GORGE

Die elf Kilometer lange und 150 Meter tiefe Schlucht im wenig besuchten Norden des Krüger-Nationalparks wurde durch die erosive Kraft des Luvuvhu River geformt. Ihre Gesteinsschichten stammen aus der Kinderstube der Erde, wie in den Wänden entdeckte Dinosaurierfossilien und Sandrosen zeigen. Aus Kieselsteinen gearbeitete Werkzeuge wie Faustkeile und Steinäxte sind Zeugnisse der Besiedlung in der Altsteinzeit. Da ältere Funde fehlen, nimmt die Wissenschaft an, dass die Schlucht vor etwa zwei Millionen Jahren entstanden ist. Das Flusstal ist stellenweise so schmal, dass größere Säugetiere sich darin nicht aufhalten können – Elefanten und Büffeln begegnet man bei einer Wildniswanderung deshalb nur am Schluchtein- und -ausgang. Eine Gefahr für Wanderer stellen die Flussquerungen dar, denn im Luvuvhu leben Krokodile und Flusspferde.

KRUGER NATIONAL PARK: LANNER GORGE

Trekkinggruppen werden stets von bewaffneten Wildhütern begleitet, da eine Begegnung im Wasser – oder auch auf dem Weg dorthin – mit einer Horde Flusspferde äußerst gefährlich für den Menschen werden kann (unten). Keine afrikanische Tierart tötet jedes Jahr mehr Menschen als die so behäbig wirkenden Dickhäuter. Üppige Vegetation begrünt die Hänge der Lanner-Schlucht (links).

LIMPOPO/MPUMALANGA

KRUGER NATIONAL PARK: LETABA RIVER

Der Letaba River zählt zu den größeren und das ganze Jahr über Wasser führenden Flüssen im Krüger-Nationalpark. An seinen Ufern lassen sich die Tiere besonders gut beobachten, weshalb eines der ersten Camps im Nationalpark, Letaba, auf einer Anhöhe oberhalb einer Flussschleife errichtet wurde. Regelmäßig kommen große Elefanten- und Büffelherden an den Fluss, um zu trinken und sich im Wasser zu suhlen, argwöhnisch beäugt von Krokodilen und Flusspferden. Auch Giraffen, Impalas und Zebras laben sich am kühlen Nass und sind vom Camp aus zwischen den lichten Mopanebäumen zu sehen. Ein besonderes Erlebnis ist die Sichtung einer der 15 großen Elefantenbullen, die die Ranger des Krüger-Nationalparks wegen ihrer imposanten Stoßzähne besonders genau überwachen. Masthulele, der »Ruhige«, lässt sich gelegentlich sogar in der Nähe des Restaurantbereichs blicken.

KRUGER NATIONAL PARK: LETABA RIVER

In der Trockenzeit sieht die Landschaft rund um den sich sanft dahinschlängelnden Letaba karg aus (links); fällt erst einmal Regen, verwandelt sich das Gebiet in ein fruchtbares Paradies. Die Kaffernbüffel suchen in den kaum vorhandenen Schatten der Dornbüsche Schutz vor der sengenden Sonne (unten). Auch sie suhlen sich gern im erfrischen Wasser des Flusses, der kurz vor Mosambik in den Lepelle mündet.

DIE »BIG FIVE«: LEOPARDEN

Das Glück, bei einer Safari einem Leoparden in freier Wildbahn zu begegnen, ist nur wenigen vergönnt. Die nachtaktiven Raubkatzen verbringen den Tag so perfekt getarnt, dass selbst erfahrene Wildhüter ihre liebe Mühe haben, sie zu erkennen. Dabei ist den Tieren die charakteristische Fellzeichnung mit kleinen schwarzen, rosettenförmigen Flecken auf rötlichbraunem Grund behilflich. Schwarze Leoparden – als Panther bekannt – kommen vor allem in Asien vor, in Afrika findet man sie nur vereinzelt in Gebieten rund um das Mount-Kenya-Massiv. Der bevorzugte Lebensraum der Tiere sind Felsregionen, in deren Spalten oder Höhlen der Leopard Schutz findet, oder bewaldete Gebiete, wo er auf Baumästen ruhen kann. Die zwischen 50 und 90 Kilo schweren und bis zu zwei Meter langen Raubkatzen jagen ihre Beute, indem sie in guter Deckung auf sie lauern. Anders als Geparde, die es an Schnelligkeit mit ihren Beutetieren aufnehmen können, und Löwen, die es im Rudel einkreisen, muss der langsamere und einzelgängerische Leopard seinem Opfer unentdeckt möglichst nahekommen, um es mit ein, zwei Sprüngen zu erwischen. Meist zieht er die Beute dann auf eine Astgabel, um sie vor Fresskonkurrenten wie Löwen oder Hyänen in Sicherheit zu bringen.

DIE »BIG FIVE«: LEOPARDEN

Leoparden haben die Menschen immer schon fasziniert. Bereits im alten Ägypten und im Römischen Reich wurden sie an den Herrscherhöfen gehalten. Obwohl sich der Leopard – im Gegensatz zum Geparden – nicht vollständig domestizieren lässt, gibt es zahlreiche Berichte über Leoparden, die wie Hunde als Haustiere gehalten wurden. Auch für die Kämpfe im Kolosseum mussten die Tiere herhalten.

DIE »BIG FIVE«: ELEFANTEN

Kaum vorstellbar: Die größten lebenden Landsäugetiere ernähren sich ausschließlich von Gras und Laub, von denen sie etwa 300 Kilogramm am Tag zu sich nehmen müssen. Sie durchstreifen die Savanne in Herden von bis zu zehn Kühen mit ihren Jungtieren. Eine erfahrene Leitkuh führt sie an. Die Bullen sind Einzelgänger, nur gelegentlich schließen sie sich zu lockeren Verbänden zusammen. Da Elfenbein zur Schmuckherstellung und als Material für Skulpturen in Ostasien sehr geschätzt ist, sind Elefanten einer konstanten Bedrohung durch Wilderer ausgesetzt. Von drei bis fünf Millionen Afrikanischen Elefanten in den 1960er-Jahren sind heute nur noch etwa 700 000 übrig. Dabei ist die Population nicht gleichmäßig verteilt – in einigen Regionen wie Kenia schwinden die Bestände weiter, während das südliche Afrika dank effektiver Schutzmassnahmen teils unter zu vielen Elefanten leidet. Die betroffenen Regierungen drängen deshalb darauf, den 1989 verbotenen Handel mit Elfenbein unter strenger Kontrolle erneut zuzulassen. Eine wachsende Bedrohung für die Grauen Riesen stellt der zunehmende Bevölkerungsdruck dar. Siedlungen und landwirtschaftliche Nutzung verdrängen die Tiere aus ihrem angestammten Lebensraum, und es kommt immer häufiger zu Konflikten zwischen Mensch und Elefant.

DIE »BIG FIVE«: ELEFANTEN

Um die konfliktreiche Lage zwischen Mensch und Tier im südlichen Afrika zu bessern, sollen Projekte Abhilfe schaffen, bei denen die lokale Bevölkerung an den Einnahmen durch den Safaritourismus partizipiert und so den wirtschaftlichen Wert der Elefanten schätzen lernt. Nur so kann die Überzeugungsarbeit gelingen, dass den Dickhäutern auch zukünftig ausreichend Lebensraum gewährt wird.

LIMPOPO/MPUMALANGA

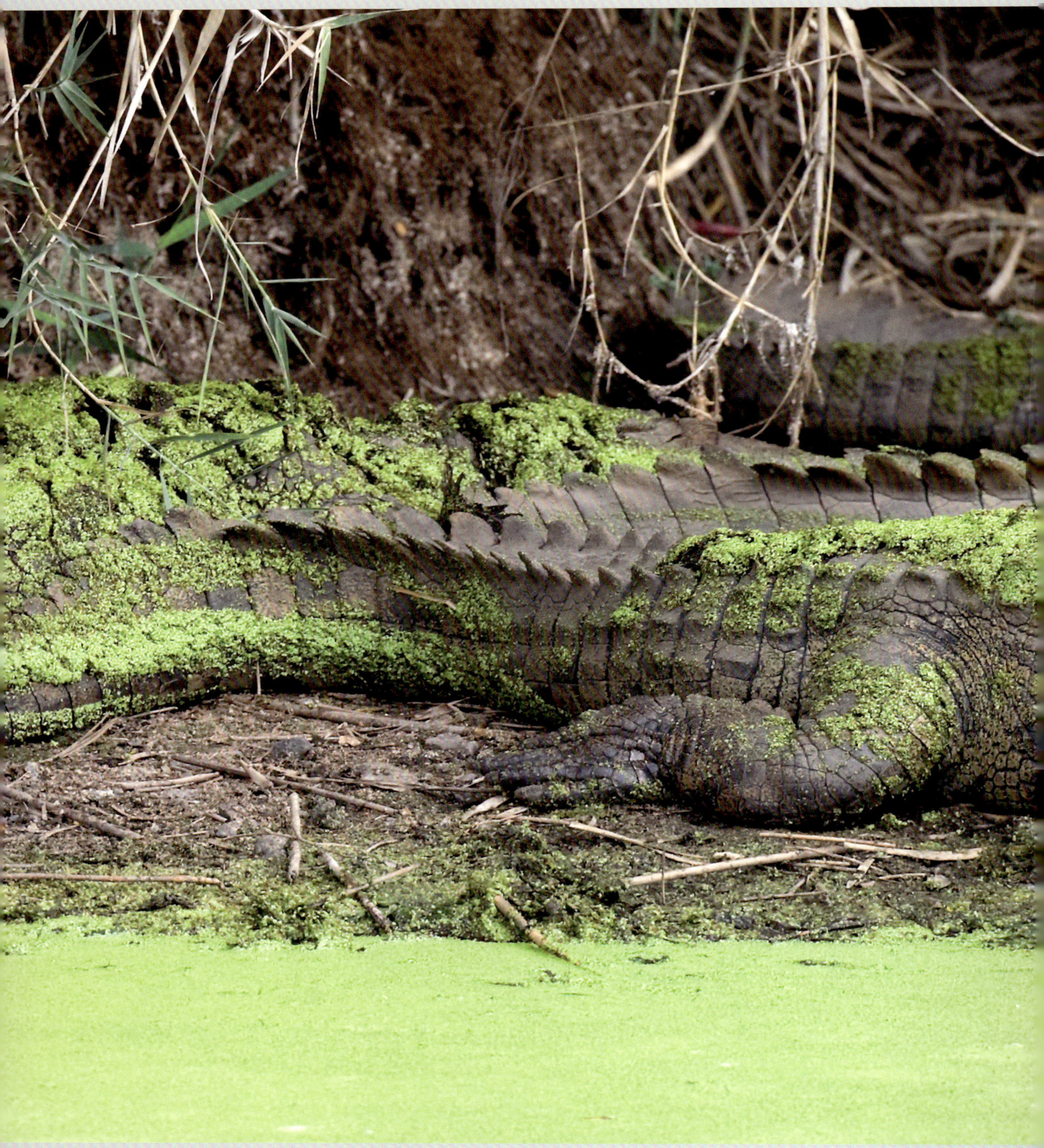

KRUGER NATIONAL PARK: LEPELLE RIVER UND OLIFANTS REST CAMP

KRUGER NATIONAL PARK: LEPELLE RIVER UND OLIFANTS REST CAMP

Als sich die ersten Siedler Mitte des 19. Jahrhunderts im Gebiet des Olifants River niederließen, lebten an seinen Ufern so große Elefantenherden, dass der Fluss nach den Elefanten, im Afrikaans *olifant*, benannt wurde. Seit 2006 wird er mit seinem Sotho-Namen Lepelle bezeichnet. Der Fluss durchquert den Krüger-Nationalpark und vereinigt sich mit dem Letaba, bevor er in Mosambik in den Limpopo mündet. Hoch über seinem Tal erhebt sich im Nationalpark das Olifants Rest Camp auf einer Granitklippe mit fantastischer Fernsicht über das mit Mopanebäumen und Dornbusch bewachsene Lowveld. Das Rastlager zählt zu den am schönsten gelegenen im Krüger-Nationalpark. Schon von den komfortabel eingerichteten Bungalows aus lassen sich mit dem bloßen Auge die Tiere erspähen, die sich unten am Flussufer aufhalten.

KRUGER NATIONAL PARK: LEPELLE RIVER UND OLIFANTS REST CAMP

Zu den sich immer wieder am Flussufer zeigenden Tieren gehören Elefanten, Nashörner, Löwen, Flusspferde (links) und Krokodile (Folgeseiten). Friedlich dösend und mit grünen Algen und Schlamm zugedeckt wirken die Nilkrokodile wie gutmütige Zauberdrachen. Doch ihre Sinne sind stets wach. Über der in der Hitze flirrenden Ebene ziehen Kampfadler auf der Suche nach Beute ihre Kreise.

KRUGER NATIONAL PARK: LEPELLE RIVER UND OLIFANTS REST CAMP

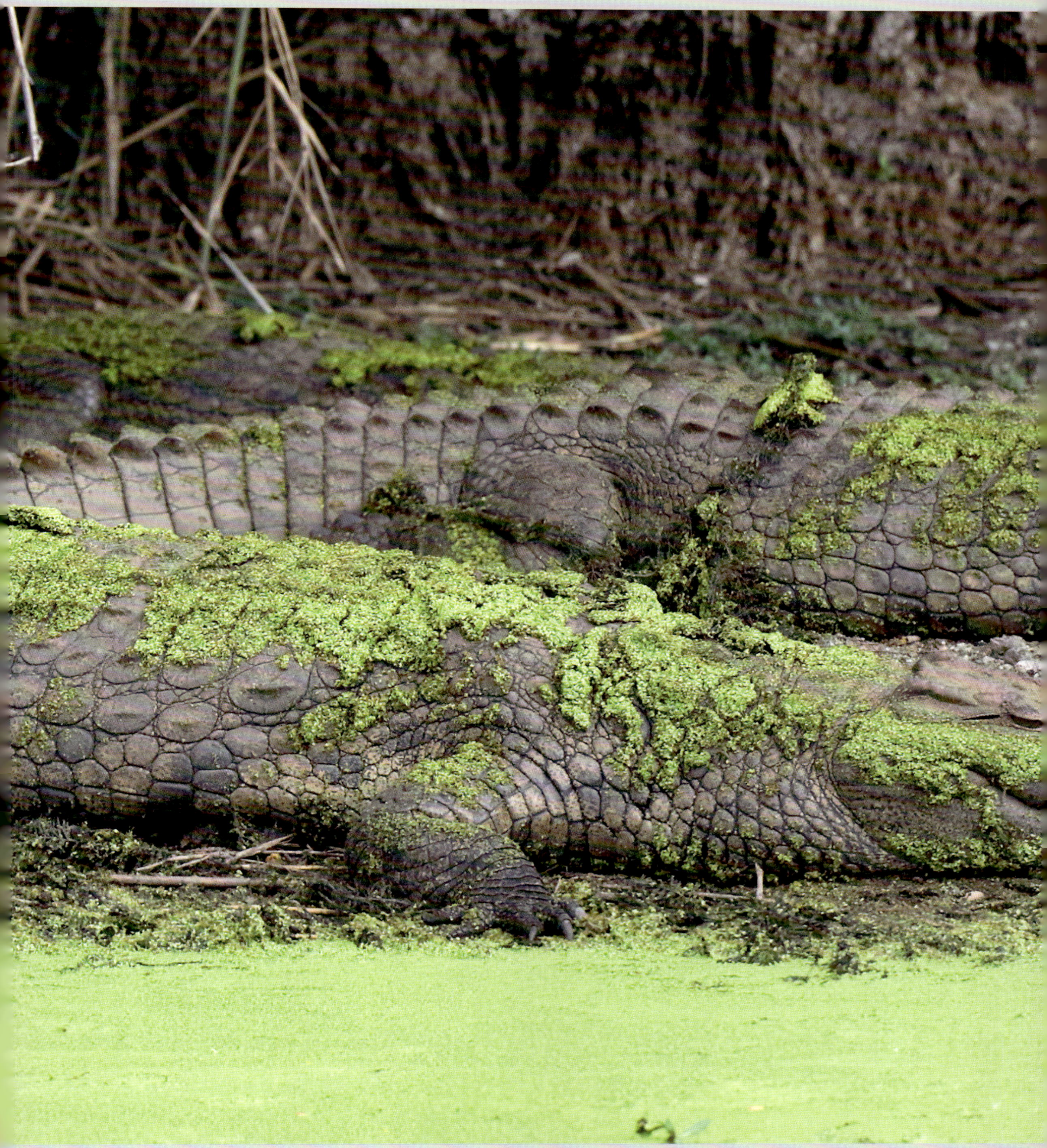

KRUGER NATIONAL PARK: SÜDLICHER TEIL

Die Südhälfte des keilförmigen, 350 Kilometer langen Nationalparks ist durch Straßen und Camps sehr gut erschlossen. Im hügeligen Bushveld leben große Tierherden, sodass spektakuläre Wildsichtungen garantiert sind. Vor allem entlang des Letaba River und an den nie versiegenden künstlichen Wasserstellen treffen Besucher auf Zebras, Antilopen, Elefanten, Nashörner, Giraffen und Büffel. Raubkatzen wie Löwe oder Gepard sind am frühen Morgen und abends gut zu beobachten, wenn sie auf Jagd gehen; die heißen Stunden verbringen die Tiere dösend im Schatten. Reisende dürfen die Fahrzeuge nur an eigens dafür eingerichteten und gesicherten Plätzen verlassen. Unterkunft bieten gut ausgestattete Camps oder private Lodges. Bar jeglichen Komforts, dafür aber in engstem Kontakt mit der Wildnis sind die Übernachtungsplätze in den Buschcamps.

KRUGER NATIONAL PARK: SÜDLICHER TEIL

Sie sind die geborenen Opportunisten: Weißrückengeier sind Aasfresser, die alles nehmen, was Raubkatzen übrig lassen oder was eines natürlichen Todes gestorben ist (unten). Jeder Tierart hat die Evolution eben eine Nische zum Überleben geschaffen. Den Giraffen ließ sie so lange Hälse wachsen, dass sie als einzige Landbewohner die Blätter der Baumkronen fressen können (links).

TIMBAVATI GAME RESERVE

Das heute über 50 000 Hektar große Game Reserve an der Westgrenze des Krüger-Nationalparks hat sich aus der Initiative mehrerer Farmer entwickelt, die sich Mitte der 1950er-Jahre zusammenschlossen, um das ausgelaugte Farmland zu renaturieren und das verdrängte Wild wieder einzusetzen. Heute verfügt das Schutzgebiet über eine faszinierende Vegetation und Artenvielfalt. Vor einigen Jahren wurde der trennende Zaun zum Nationalpark entfernt, damit die Tiere frei wandern können. Heute besteht der Trägerverein aus 50 Mitgliedern; sie kümmern sich nicht nur um das ökologische Gleichgewicht, sondern versuchen auch, die soziale Lage der Bevölkerung zu verbessern. Für eine Sensation sorgte in den 1970er-Jahren die Entdeckung weißer Löwenjungen in dem Reserve. Dieser Leuzismus genannte Gendefekt ähnelt dem Albinismus, doch sind die Augen pigmentiert und dunkel.

TIMBAVATI GAME RESERVE

Afrikanische Wildhunde sind Jäger mit einem ganz besonders ausgeprägten Sozialverhalten. Nach erfolgreicher Jagd, die das gesamte Rudel als Hetzjagd gestaltet, bei der immense Strecken zurückgelegt werden können, erhalten zuerst kranke Tiere und der Nachwuchs ihre Anteile an der Beute (unten). Die Wildhunde greifen auch Zebras an (links), picken sich hier aber ausschließlich schwächliche Tiere heraus.

LIMPOPO/MPUMALANGA

ULUSABA GAME RESERVE

Einen fantastischen Fernblick von der Hügelkuppe eines *koppje* über das Bushveld genießen die Gäste der Lodges des Ulusaba Game Reserve. Das kleine Naturschutzgebiet ist ein Teil des Sabi Sands Game Reserve südwestlich des Krüger-Nationalparks und profitiert von dessen Artenreichtum – regelmäßig werden die Big Five gesichtet. Ulusaba gehört dem britischen Milliardär Sir Richard Branson und ist mit hoch luxuriösen Unterkünften, einem eleganten Spa und jedem nur erdenklichen Komfort ausgestattet. Zum Freizeitangebot gehören nicht nur Game Drives und Wildniswanderungen, sondern auch Besuche in umliegenden Dörfern. Die Lodge unterstützt die lokalen Gemeinschaften durch den Bau von Brunnen, Schulhäusern, durch Übernahme von Schulkosten der Kinder und durch Vergabe von Mikrokrediten an Jungunternehmer.

ULUSABA GAME RESERVE

Die Häuser der Rock Lodge sind um einen Felsen gruppiert, um den häufig Adler kreisen (unten). Ulusaba bedeutet »Platz der geringen Angst«, weil der Fels einst den Kriegern der Shangaan einen sicheren Platz für ihre Jagden bot. Die Bungalows der Safari Lodge stehen mitten im Grün des Bushveld (links). Gäste können sich als Safari-Volunteers an dem Hilfsprogramm zur lokalen Unterstützung beteiligen.

LIMPOPO/MPUMALANGA

LODGES: LUXUS IN DER WILDNIS

Ankunft nach einer langen, staubigen Fahrt durch den Busch: Mitten in der Wildnis, weit ab von der Zivilisation, öffnen sich die Tore zu einer wahren Oase – Bungalows im Baustil afrikanischer Rundhütten, ein üppig blühender, angenehm duftender Garten, der türkisblau schimmernde Pool. Und schon eilen dienstfertige Geister herbei, begrüßen den Gast, bringen das Gepäck aufs Zimmer, servieren einen Willkommensdrink. Im Busch zwitschern Vogelstimmen, kreischen Affen, ein tiefes Löwenbrüllen erfüllt die Luft: Lodge-Alltag für diejenigen, die hier arbeiten – ein unvergessliches Erlebnis für den Gast. Es gibt unzählige Lodges in Südafrika. Und keine gleicht der anderen. Sie finden sich auf Kalahari-Dünen oder im Urwald, an den Ufern rauschender Flüsse oder auf Granitkuppen, sie können ganz schlicht, einfach und rudimentär ausgestattet oder hoch luxuriös eingerichtet sein – nur eines haben sie gemeinsam: Der Gast ist in jeder Lodge der Natur so nahe wie möglich. Viele Lodges haben die ohnehin nie wirklich sicheren Zäune einfach abgebaut und lassen nun das Wild herein. So kann es durchaus passieren, dass zum Frühstück ein neugieriges Warzenschwein vorbeikommt. Dass auch Elefanten und, zumeist nachts, Raubtiere auf Stippvisite durchs Gelände streifen, gehört mit zum Abenteuer.

LODGES: LUXUS IN DER WILDNIS

Dezenter Luxus und freundliches, gut geschultes Personal, das die Gäste nach allen Regeln der Kunst verwöhnt – das macht den Charme einer exklusiven Lodge aus, die dann aber auch ihren stolzen Preis hat. Unbezahlbar ist jedoch hier wie in den einfacheren »Landhotels« das, was ihren eigentlichen Reiz ausmacht: das überwältigende Erlebnis der Natur – mittendrin in der Wildnis Afrikas!

LIMPOPO/MPUMALANGA

SABIE RIVER

Der Sabie River entspringt auf 1100 Metern Höhe in den Drakensbergen, fließt von dort nach Osten ins Lowveld, durchquert den Süden des Krüger-Nationalparks, wo er sich mit dem Sand River vereinigt, und mündet in Mosambik in den Komati. Das 1898 proklamierte Sabi Reserve, Vorgänger des Krüger-Nationalparks, wurde nach ihm benannt. Der ständig Wasser führende Fluss nährt eine artenreiche Flora und Fauna. Nicht umsonst nannten die Tswana den Fluss *sabi*, Gefahr: Im Wasser wimmelte es von gefährlichen Krokodilen und Flusspferden. In den Tierschutzgebieten, die er durchquert, versammeln sich große Herden von Dickhäutern, Antilopen und Zebras an den Flussufern. Die »Sabie-2Kruger Birding Route« folgt dem Lauf des Flusses von der Quelle bis zum Nationalpark und erschließt Interessierten die vielen und farbenfrohen Vogelarten in seinen Galeriewäldern.

SABIE RIVER

Auch für Elefanten ist die Überquerung des Sabie River nicht immer ein leichtes Spiel; besonders die Jungtiere müssen sich vor Krokodilen und tückischen Strömungen in Acht nehmen (unten). In der Nähe der Kleinstadt Sabie am gleichnamigen Fluss stürzen sich die malerischen Lone Creek Falls in die Tiefe (links). Der Wasserfall ist 68 Meter hoch. Für den Zugang muss ein Eintritt bezahlt werden.

SABI SABI GAME RESERVE

Mit Sabi Sabi, einem der exklusiven Schutzgebiete innerhalb des Sabi Sand Game Reserve, ist eine amüsante Anekdote verbunden: Durch das Reservat verlief in den 1920er-Jahren die Selati Railway, auf der Gold von Nord-Transvaal an die Grenze zu Mosambik transportiert wurde. Auf der Linie fuhr auch ein Touristenzug, von dem aus die Passagiere das Wild beobachten und den sie an Haltepunkten für eine Safari auch verlassen konnten. An der Station Newington unweit des heutigen Selati Camps soll sich Folgendes zugetragen haben: Der Zug passierte die Bahnstation nach Einbruch der Dunkelheit, und weil der Lokführer keine Wartenden sah, fuhr er ohne Halt weiter. Die Passagiere jedoch saßen in den Bäumen, wohin sie vor einer Horde Löwen geflohen waren. Seit diesem Vorfall ließ die Eisenbahngesellschaft Leitern an die Bäume lehnen, damit die Touristen im Notfall schneller Schutz fanden.

SABI SABI GAME RESERVE

Meister der Tarnung sind die Leoparden, die sich geduldig stundenlang auf die Lauer legen können (unten). Ihre bevorzugte Beute sind weniger die Safaritouristen, die mit Jeeps durch das Gelände gefahren werden (ganz links), sondern vielmehr Antilopen und Gazellen, darunter auch mal ein Großer Kudu (links). Allerdings versuchen sich die Raubkatzen eher an den Jungtieren, nicht an ausgewachsenen Exemplaren.

SABI SANDS GAME RESERVE

Bevor 1934 der Vorläufer des heutigen, 60 000 Hektar großen Sabi Sands Game Reserve gegründet wurde, nutzten Farmer das Land für die Viehzucht. Mit Einrichtung des Krüger-Nationalparks und dem Gewinn versprechenden Safaritourismus entschieden sie sich, in direkter Nachbarschaft ein privates Schutzgebiet auf eigenem Land einzurichten. Die vielen ursprünglich für das Nutzvieh angelegten Wasserstellen dienten fortan als Tränke für Elefanten, Antilopen oder Raubtiere. Der Wasserreichtum von Sabi Sand zieht große Wildherden an. Mit ziemlicher Sicherheit sind während eines Game Drive alle Big Five zu sehen; sogar Leoparden, die sich besonders gut tarnen, können die Ranger ihren Gästen regelmäßig zeigen. Dies nicht zuletzt deshalb, weil sie, anders als im benachbarten Krüger-Nationalpark, die Pisten verlassen dürfen und dem aufgespürten Tier querfeldein folgen können.

SABI SANDS GAME RESERVE

So elegant und lässig kann nur ein Leopard faulenzen (großes Bild). Sabi Sand ist der Ort mit der größten Chance, die mächtige Raubkatze in freier Wildbahn sehen zu können. Neben den Big Five lassen sich hier auch Giraffen, Impalas und Wüstenwarzenschweine gut aufspüren (Bildleiste von oben). In der exklusiven Londolozi Lodge speist man mitten im üppig-grünen Ambiente des Bushveld (links).

DIE GRANDIOSE VOGELWELT SÜDAFRIKAS

Angesichts der großen Wildherden wird der immense Vogelreichtum Südafrikas leicht übersehen. Über 850 ständig hier lebende Arten und zahlreiche Saisongäste aus Europa schätzen das ausgeglichene Klima und die vielfältigen Lebensräume. Zu den markanten Vertretern gehören neben dem Bartgeier der elegante Schreiseeadler, der Schlangenhalsvogel und der Sattelstorch, die alle Feuchtgebiete bevorzugen. Ein gutes Auge benötigt man, um im dichten Gestrüpp kleine Kostbarkeiten wie den Bienenfresser, den Eisvogel und den mit dem Kanarienvogel verwandten Mosambikgirlitz auszumachen. Bodenbewohner sind die Hornraben, die ihre bis zu vier Kilogramm schweren Körper nur mit Mühe in die Lüfte erheben. Ihre Nester bauen sie am liebsten in Baobabs. Der an einen Storch erinnernde Nimmersatt heißt wissenschaftlich *Mycteria ibis*, weil Linné ihn mit dem heiligen Ibis verwechselte (Störche und Ibisse bilden getrennte Familien). Allgemein ist die Tierwelt Südafrikas reich an Superlativen: Hier leben das größte Landsäugetier (Elefant), das höchste (Giraffe), das schnellste (Gepard), das kleinste (Etruskische Spitzmaus), der größte Vogel (Strauß), der größte fliegende Vogel (Riesentrappe) sowie das größte Reptil (Lederschildkröte). Und vor den Küsten zieht das größte Säugetier vorbei, der Blauwal.

DIE GRANDIOSE VOGELWELT SÜDAFRIKAS

Südafrika ist ein Paradies für Ornithologen. In den Nationalparks wie am Wegesrand gilt es Entdeckungen zu machen. Links: Schwarzstorch; großes Bild: Helmperlhuhn; kleine Bilder im Uhrzeigersinn von links oben: Kronenkranich, Marabu, Südlicher Hornrabe und Sekretär. Letzterer ist ein Greifvogel, der seinen Namen der Ähnlichkeit seiner Kopf- mit Gänsekielfedern verdankt, die früher oft in Perücken steckten.

DIE GRANDIOSE VOGELWELT SÜDAFRIKAS

DIE GRANDIOSE VOGELWELT SÜDAFRIKAS

Von links oben: Glanzstar, Bartvogel, Rotbauch- und Orangebrustwürger, Braunkopfliest, Gabelracke, Oryxweber und Gelbschnabeltoko.

LIMPOPO/MPUMALANGA

BLYDE RIVER CANYON NATURE RESERVE

Der Blyde River entspringt bei der alten Goldgräbersiedlung Pilgrim's Rest, fließt nach Norden, vereinigt sich vor dem Blyde River Canyon mit dem Treur River und übergibt schließlich sein Wasser dem Olifants River. Nach dem US-amerikanischen Grand Canyon und dem namibischen Fischfluss-Canyon ist seine Schlucht die drittgrößte der Welt. Diese wunderbare Landschaft fasziniert nicht nur wegen der vielfältigen Erosionsformen, von denen sie geprägt ist, sondern auch wegen der völlig unterschiedlichen Vegetation, die vom tropischen Regenwald bis zur Trockensavanne in dem nur 500 Meer hoch gelegenen Lowveld reicht. Die Panoramastraße am Canyon entlang führt den Reisenden zu beeindruckenden Aussichtspunkten, etwa auf die Three Rondavels – rund abgeschliffene Felskegel, die so aussehen wie die traditionellen Rundhütten der Xhosa.

BLYDE RIVER CANYON NATURE RESERVE

Der Blyde River strömt durch eine bis zu 800 Meter tiefe Schlucht, die er in Jahrmillionen in die Drakensberge gegraben hat. Eine Panoramaroute streift Attraktionen wie die Lisbon Falls. Ein Besuch dieses spektakulären Naturreservats lässt sich gut bei der Fahrt auf dem Weg von Johannesburg zum Krüger-Nationalpark einplanen. Allerdings sollte man sich für die Besichtigung mindestens zwei Tage Zeit nehmen.

BLYDE RIVER CANYON NATURE RESERVE

BLYDE RIVER CANYON NATURE RESERVE

Orangerot glüht die aufregende Sonne, die die morgendlichen Nebelschwaden über dem Blyde River Canyon verdrängt.

BLYDE RIVER CANYON NATURE RESERVE: GOD'S WINDOW

Einer der spektakulärsten Aussichtspunkte auf der Panoramaroute entlang des Blyde River Canyon ist God's Window. Nahezu senkrecht fallen die grün bewachsenen Hänge 700 Meter zum Lowveld ab und eröffnen einen atemberaubenden Blick nach Osten über den Krüger-Nationalpark und an klaren Tagen bis zu den Lebombo-Bergen an der Grenze zu Mosambik. Nur an wenigen Stellen ist die Große Randstufe zwischen dem Tiefland und dem zentralen Hochland des südlichen Afrika so ausgeprägt wahrnehmbar wie hier, denn meist flacht sie in mehreren Bergketten zum Lowveld ab. Vom »Gottesfenster« führt ein Pfad über Stufen einige Hundert Meter bergan in ein mit Regenwald bestandenes Areal, in dem Lianen und Farne verkrüppelte Steineiben umschlingen. Der 1750 Meter hohe Gipfel wartet mit weiteren, von vielen als noch eindrucksvoller beschriebenen Panoramen auf.

BLYDE RIVER CANYON NATURE RESERVE: GOD'S WINDOW

Wie eine Vorstellung von Garten Eden mutet das Panorama vom Aussichtspunkt God's Window an, was auch den Namen »Fenster Gottes« erklärt. Tief unten, 700 Meter abwärts, windet sich der Blyde River seine Bahn, und, anders als beim US-amerikanischen Grand Canyon, zeigen sich die Steilhänge der Schlucht üppig begrünt. Wenn die Sonne tief steht, glühen die nackten Felsen in einem roten Farbenrausch (links).

LIMPOPO/MPUMALANGA

BLYDE RIVER CANYON NATURE RESERVE: BOURKE'S LUCK POTHOLES

Am Beginn des Blyde River Canyon mündet der Treur River (Afrikaans für »Trauerfluss«) in den Blyde, dabei entstehen besondere Strömungsverhältnisse und Wirbel, in denen mitgeführte Steine und Sand seit Jahrtausenden ihr Werk der Erosion verrichten. Das Ergebnis sind tiefe, zylinderförmige Strudellöcher, *potholes*, im Flussbett, die dank des mehrfarbig geäderten Sandsteins je nach Lichteinfall und Wasserstand aussehen, als hätte ein Künstler hier ein überaus ästhetisch marmoriertes Werk vollbracht. Ein Werk der Natur, das sich ständig verändert, denn Lochwände brechen ein oder wachsen mit anderen zusammen und bilden neue, faszinierende Formationen. Von Stegen und Brücken aus lassen sich die Potholes wunderbar beobachten, zudem bekommen Besucher hier auch einen ersten Eindruck vom Canyon des Blyde River.

BLYDE RIVER CANYON NATURE RESERVE: BOURKE'S LUCK POTHOLES

Tom Bourke, nach dessen »Glück« das Naturschauspiel ironisch benannt ist, hat hier erfolglos nach Gold geschürft. Er lag aber richtig in der Annahme, dass hier in der Region die kostbaren Bodenschätze schlummern. Jahrmillionen hat es gedauert, bis der Blyde River die Schlucht aus dem roten Sandstein gefräst und so dieses Naturwunder geschaffen hat, dessen Potholes zu den Attraktionen gehören.

BLYDE RIVER CANYON NATURE RESERVE: BOURKE'S LUCK POTHOLES

BLYDE RIVER CANYON NATURE RESERVE: BOURKE'S LUCK POTHOLES

Die Wasserfälle in der Nähe der Potholes zeugen von der Erosionskraft, die die Wassermassen hier ausüben.

BERLIN FALLS

Nirgendwo in Südafrika gibt es so viele Wasserfälle wie in der Umgebung des Blyde River Canyon und des Städtchens Sabie. Eine Themenroute, die Sabie Waterfall Route, verbindet die unterschiedlich breiten und hohen Kaskaden miteinander. Der höchste Fall der Region sind mit 92 Metern die Lisbon Falls. Als ungewöhnlichster Wasserfall aber dürften die Berlin Falls gelten, denn die geologischen Gegebenheiten haben ihnen die Form einer Kerze verliehen. Das Wasser eines Gebirgsbachs zwängt sich an der Abbruchkante durch einen Spalt und fällt zunächst als schmaler Arm über den Fels. Dann weitet sich die Rinne, das Wasser schießt über einen Vorsprung und der Fall wird deutlich breiter. Von der Aussichtsplattform gegenüber sieht er deshalb aus wie eine 45 Meter hohe Kerze. Am Fuß der Felswand bildet das Fallbecken einen nahezu kreisrunden, türkisblauen See.

BERLIN FALLS

»Berliner Fälle« in Afrika? Die Herkunft des Namens erklärt sich aus der Heimatverbundenheit der europäischen Goldschürfer, die hier ihr Glück suchten. Sie benannten die Wasserfälle einfach nach ihnen bekannten Orten, deswegen liegen neben den Berlin Falls (alle Abbildungen) auch die »Lissabonner« Fälle. Die »Mac Mac Falls« wiederum erinnern scherzhaft an die vielen schottischen Auswanderer.

LIMPOPO/MPUMALANGA

KWAZULU-NATAL

Dramatische landschaftliche Kontraste, großer Wildreichtum und die dynamische Kultur der Zulu prägen Südafrikas nordöstlichste Provinz KwaZulu-Natal. Die Granitbarriere der zu bizarren Formen erodierten Drakensberge rahmt das Lowveld, das hügelige Tiefland, ein, das nach Osten an der vielfach gegliederten Küste des Indischen Ozeans mit fast schon tropischer Vegetation und Tierwelt ausläuft. Die heute so friedliche Zulu-Region war zu Beginn des 19. Jahrhunderts Schauplatz grausamer Eroberungszüge des Zulu-Königs Shaka und Ort zahlreicher Schlachten mit Buren und Briten.

Die Bewohner der Zulu-Region stellen mit elf Millionen die größte Volksgruppe Südafrikas. Viele alte Traditionen werden mittlerweile nur noch für Touristen bewahrt, so sind etwa »traditionelle« Bekleidungsstücke aus bunten Perlen beliebte Souvenirs.

DURBAN

Durban – in der Sprache der Zulu »eThekwini« genannt – ist Südafrikas drittgrößte Stadt, eine wichtige Industrie- und Finanzmetropole sowie ein bedeutender Hafen, vor allem aber ein Ort des Vergnügens und des Sports. Ihr kosmopolitisches Flair verdankt die Metropole am Indischen Ozean der ethnischen Vielfalt. Unter anderem leben hier rund 400 000 Inder, deren orientalisch anmutende Tempel, Restaurants und Märkte Durban einen Ruf als Südafrikas heimliche asiatische Hauptstadt einbrachten. Durbans Bucht wurde bereits 1497 durch Vasco da Gama entdeckt. Mitte des 19. Jahrhunderts entwickelte sich Durban zum Mittelpunkt einer Zuckerrohrindustrie. Für die Arbeit auf den Feldern wurden Inder angeworben. Hauptsehenswürdigkeiten sind die Beachfront mit der Skyline, das indische Viertel mit dem lebhaften Victoria Market und die gut erhaltenen Kolonialbauten im Zentrum.

DURBAN

Das weitläufig angelegte Zentrum von Durban beginnt gleich hinter dem Hafen. Neben dem riesigen Containerterminal – nach dem am Sueskanal gelegenen ägyptischen Port Said der größte Umschlagplatz Afrikas – ist aber auch noch Platz für eine hübsche Marina, in der Motorjachten und Segler aus aller Herren Länder festmachen (unten). Nachts spiegeln sich die Lichter der Golden Mile im Meer (links).

DURBAN: BEACHFRONT

Zwischen Blue Lagoon im Norden und Addington Beach im Süden säumen acht Kilometer feinster Sandstrände die Küstenlinie der Millionenstadt Durban. Die Promenade entlang der Golden Mile, des glamourösen Mittelstücks der Beachfront, ist Fußgängern und den als Transportmittel beliebten Fahrradrikschas vorbehalten und von schicken Hotel- und Apartmentkomplexen gesäumt. Eine viel besuchte Sehenswürdigkeit im Süden ist die uShaka Marine World. Dem riesigen Aquarium sind ein Delfinarium und ein Wasservergnügungspark angeschlossen. Seit der Fußballweltmeisterschaft 2010 dominiert das Moses-Mabhida-Stadion als unübersehbare Landmarke den nördlichen Teil der Beachfront. Die Hauptattraktion bilden aber die Strände. Im Wasser verankerte Netze schützen Schwimmer und Surfer vor gefährlichen Haiattacken, die an diesem Teil der Küste immer wieder vorkommen.

DURBAN: BEACHFRONT

Die Gelegenheit, von einem der kriegerisch dekorierten Rikschafahrer entlang Durbans moderner Skyline bis zum Strand an der legendären »Golden Mile« spazieren gefahren zu werden, sollte man sich nicht entgehen lassen. Dort findet man neben Hotelhochhäusern auch viele Bars sowie die uShaka Marine World mit dem im Rumpf eines Frachtschiffs untergebrachten größten Aquarium Afrikas.

BUREN: DER MYTHOS VOM GROSSEN TRECK

Buren sind die Nachfahren jener holländischen Siedler, die ab 1652 am Kap Handelsstützpunkte errichteten und die Landnahme vorantrieben. Als überzeugte Calvinisten meinten sie, durch Unterwerfung der Schwarzen ein gottgefälliges Werk zu tun. Im 18. Jahrhundert erweiterten die Buren ihren Einflussbereich immer weiter nach Nordosten und stießen 1778 mit dem einheimischen Volk der Xhosa militärisch zusammen. Dem ersten »Kaffernkrieg« folgten bis 1878 acht weitere. Als Großbritannien 1806 die Kapkolonie besetzte und die Sklaverei verbot, suchten viele Buren ihr Heil im Großen Treck: In mehreren Auswanderungsschüben zog man in bislang noch nicht von Weißen besiedelte Regionen nördlich des Oranje und in das Gebiet der Zulu, mit denen es zu blutigen Gefechten kam. Der Große Treck und die Schlacht am Blood River sind die Säulen burischen Selbstverständnisses. Das bringt das bei Pretoria errichtete Voortrekkerdenkmal zum Ausdruck. Dort wachen die in Bronze gegossenen Anführer der Treckburen. Innen erzählt ein Fries aus 27 Marmorreliefs die Historie aus der Sicht der Buren.

Eine bronzene Planwagenburg, ein sogenanntes *laager,* **aus 57 Wagen erinnert an die Schlacht um Rorke's Drift 1879.**

PIETERMARITZBURG

Mit seinen viktorianischen Backsteinbauten erinnert der einstige Hauptort der Burenrepublik Natal an eine britische Provinzstadt. Gegründet im Jahr 1838 nach der Schlacht am Blood River, bei der die Buren die Zulu besiegten, wurde die heutige Hauptstadt der Provinz KwaZulu-Natal nach Pieter Mauritz Retief benannt, einem Führer der Voortrekker. Allerdings währte die Ära der Burenrepublik nicht lange. 1843 annektierten die Engländer das Land und setzten ihre Verwaltung ein. Die meisten Buren verließen Natal und zogen weiter. Ihre Geschichte und die ihrer Republik dokumentiert das Msunduzi Museum.

Sehenswert sind in dem »Stadt der Blumen« genannten Pietermaritzburg historische Bauten wie das Rathaus mit seinem 47 Meter hohen Glockenturm (beide Abbildungen).

DRAKENSBERGE

Auf einer Länge von mehr als 1000 Kilometern bilden die Drakensberge den Übergang vom südafrikanischen Binnenhochland zur Ostküste. Ihr nördlicher Teil, die Transvaal-Drakensberge, stehen als »Blyde River Canyon Nature Reserve« unter Naturschutz; die südliche Region heißt »Natal-Drakensberge« und fasziniert mit imposanten, über 3000 Meter hohen Bergriesen und verschwiegenen Seen, die seit dem Jahr 2000 zum UNESCO-Weltnaturerbe zählen. Unter dem Namen »uKhahlamba Drakensberg Park« wurden sie zum Nationalpark erklärt. Größter Schatz sind die Felsbilder der San. Mehr als 35000 Gravuren und Malereien wurden bislang entdeckt. Das Kerngebiet ihrer Kunst ist das Giant's Castle Game Reserve: Über 500 Darstellungen von Wild, Jagdszenen, aber auch von schamanistischen Zeremonien entdeckte man allein an einer Fundstätte.

DRAKENSBERGE

Hoffnungsfroh begrüßen die ersten Sonnenstrahlen den hereinbrechenden Tag in den Drakensbergen (unten). Ein früher Aufbruch vor Sonnenaufgang lohnt sich nicht nur allein wegen der Lichtstimmungen, die für Gänsehautmomente sorgen, sondern auch wegen der niedrigeren Temperaturen in den Vormittagsstunden. Wie in anderen Hochgebirgslagen auch, kann das Wetter allerdings schnell umschlagen (links).

UKHAHLAMBA-DRAKENSBERG PARK

Der Zulu-Name »Wall der erhobenen Speere« bringt den Eindruck, den das mächtige Gebirge im Osten KwaZulu-Natals erweckt, auf den Punkt. Seine Ostwände steigen bis zu 1000 Meter nahezu senkrecht aus der Ebene auf, nach Westen umrahmt es das Hochland von Lesotho, eine schier unbezwingbare, natürliche Festung. Nach der Ernennung der Drakensberge zum UNESCO-Welterbe fassten die südafrikanischen Behörden die im Gebirge ausgewiesenen Schutzgebiete zu einem rund 180 Kilometer langen und bis zu 20 Kilometer breiten Park zusammen, der an der Grenze zu Lesotho verläuft. Er dient vorrangig der Bewahrung der über 20 000 Felsbilder, die das Jägervolk der San hinterlassen hat, aber auch dem Schutz lokaler Flora und Fauna. Fußpfade erschließen die herbe Gebirgsregion mit ihren markanten Gipfeln Champagne Castle (3377 Meter) oder Cathedral Peak (3004 Meter).

UKHAHLAMBA-DRAKENSBERG PARK

Die höchsten Berge des südlichen Afrika und die atemberaubendsten noch dazu: An Dramatik der Verbindung von schwindelerregenden Hochplateaus mit höllentiefen Abgründen sind die Drakensberge nicht zu überbieten. Die Natur hat sich hier in KwaZulu ein steinernes Amphitheater gebaut, und in der Abenddämmerung übergießt sie es mit einer Prachtbeleuchtung. Dem Menschen bleibt da nur das Staunen.

UKHAHLAMBA-DRAKENSBERG PARK: GIANT'S CASTLE GAME RESERVE

Das Schutzgebiet rund um den majestätischen Giant's Castle (3315 Meter) wurde bereits 1903 eingerichtet, um den Bestand der in den Bergen lebenden Elenantilopen zu sichern. Ein weiteres Anliegen war der Schutz von Kap- und Lämmergeiern, die in der zerklüfteten Berglandschaft noch in ansehnlicher Zahl nisten. Daneben sind auch verschiedene Adlerarten in Giant's Castle beheimatet. Im Herzen des Game Reserve befinden sich Sandsteinhöhlen mit ausdrucksstarken Felsmalereien der San. Die Drakensberge waren mindestens 2000 Jahre lang Lebensraum der Jäger und Sammler, die zu den ältesten Bevölkerungsgruppen Südafrikas zählen. Die Zuwanderung viehzüchtender Völker und der Druck durch die immer weiter landeinwärts drängenden burischen Siedler hat die San aus den Drakensbergen vertrieben. Zu Beginn der 1880er-Jahre lebte nur noch ein einziger San in der Region.

UKHAHLAMBA-DRAKENSBERG PARK: GIANT'S CASTLE GAME RESERVE

Adulte Kapgeier und ihre Jungvögel finden in den einsamen Höhen der Drakensberge gute Bedingungen für die Aufzucht (links). Sie leben hier vor allem von Elenantilopen, müssen ihr Revier aber mit den ebenso häufig anzutreffenden Bartgeiern teilen. Das gesamte Gebiet des Giant's Castle Game Reserve gilt als Wanderparadies mit nicht allzu anspruchsvollen Pfaden, die auf eigene Faust erkundet werden können.

UKHAHLAMBA-DRAKENSBERG PARK: CATHEDRAL PEAK

»Central Berg« nennen die Südafrikaner die zentrale Region der Drakensberge rund um den mächtigen Cathedral Peak (3004 Meter) mit seinem auffällig geformten Gipfel. Umgeben ist er von drei weiteren Basalt-Dreitausendern, dem Bell, dem Outer und dem Inner Horn. Das waldreiche Cathedral Peak Mountain Reserve ist ein wunderschönes Wanderrevier mit einfachen bis sehr anspruchsvollen Routen. Die Wanderung auf den Cathedral Peak selbst, dessen Erstbesteigung 1917 gelang, ist sehr kräftezehrend und erfordert Trittsicherheit. Als landschaftliches Idyll entpuppt sich das Mlambonja-Tal. Üppig mit Proteen bewachsen, breitet es sich wie ein grüner Teppich am Fuß der vier Gipfel aus und bietet Pavianen und Bergriedböcken einen geschützten Lebensraum. In Höhlen des Didima Valley sind die Felswände mit geheimnisvollen Felsmalereien der San geschmückt.

UKHAHLAMBA-DRAKENSBERG PARK: CATHEDRAL PEAK

Ockerfarbene Felsen, pechschwarze Zackenlinien, dräuende Wolken: Der uKhahlamba/Drakensberg Park ist Landschaft in ihrer dramatischsten Form. Die Geologie weiß es ganz genau: Das bis zu 3482 Meter hohe Gebirge im südafrikanischen KwaZulu-Natal und im Königreich Lesotho ist vulkanischen Ursprungs, und sein Basalt wird seit 180 Millionen Jahren von der Erosion zerfressen.

SAN: JÄGER UND SAMMLER AM RAND DER GESELLSCHAFT

Als »Buschleute« bezeichneten die ersten Siedler am Kap jene Menschen, die als nomadisierende Jäger das südliche Afrika durchstreiften, sich einer seltsamen, mit Klick- und Schnalzlauten durchsetzten Sprache bedienten und offensichtlich kaum mehr besaßen, als was sie am Körper trugen. Als im 17. Jahrhundert die weiße Besiedlung Südafrikas begann, hatten die San, so die wissenschaftlich korrekte Bezeichnung, schon mehrere Einwanderungswellen anderer Völker – darunter Xhosa und Zulu – in ihre Heimat erlebt. Jedes neue Volk drängte die San weiter in unwirtliche Rückzugsgebiete ab. Das relativ kleinwüchsige und hellhäutige Volk mit seinem so charakteristischen, in Büscheln wachsenden Pfefferkornhaar wird heute als Nachfahr der Urbevölkerung des südlichen Afrika angesehen. Ihrer umfassenden Kenntnis von den Geheimnissen der Natur verdanken die San ihre einzigartigen Fähigkeiten, mit denen sie selbst in ganz ariden Landstrichen überleben. Männer jagten traditionell mit Giftpfeilen und Fallen, während den Frauen das Sammeln essbarer Pflanzen und Knollen oblag. Heute lebt dieses faszinierende Volk, viele davon stark von Alkoholismus und HIV-Infektion gezeichnet, am Rand der südafrikanischen Gesellschaft. Für Jäger und Sammler, so scheint es, gibt es in dem modernen Staat keinen Platz mehr.

SAN: JÄGER UND SAMMLER AM RAND DER GESELLSCHAFT

Einige San können in einem Naturschutzgebiet ihr traditionelles Leben weiterführen. Sie zeigen Touristen, wie sie jagen, erklären ihnen die Spuren der Tiere. Die Kleidung – Männer wie Frauen tragen einen ledernen Lendenschurz – wird meist eigens für diese Zwecke angelegt. Für die San-Kultur sind solche Projekte sehr wichtig, da nur so das über Generationen hinweg mündlich tradierte Wissen erhalten bleibt.

FELSMALEREIEN DER SAN IN DEN DRAKENSBERGEN

Die stille, majestätische Bergwelt der Drakensberge bietet Elenantilopen sowie den selten gewordenen Bart- und Kapgeiern ein Zuhause. Wo die weicheren Sandsteinsedimente unter dem Druck des oberen Basaltblocks durch Erosion zerklüftet sind, verbergen sich einzigartige kulturelle Schätze: In verschiedenen Höhlen und unter Felsüberhängen stieß man auf großartige Felsmalereien. Viele von ihnen stammen aus den letzten 300 Jahren, überlagern aber bis zu 4000 Jahre alte Pigmentschichten. Gruppierungen der San lebten in diesem Gebiet bis in die zweite Hälfte des 19. Jahrhunderts als Jäger und Sammler, und heute sind sich die Forscher darüber einig, dass die Felsbilder von diesem Volk stammen. Allerdings blieben zwei Fragen in diesem Zusammenhang bislang unbeantwortet: Warum fertigten die San in manchen Regionen Felsgravuren, ritzten die Bilder also in den Stein, während sie in anderen Regionen auf den Stein malten? Und warum malen die heutigen San nicht? Sie selbst glauben übrigens, dass die Felsmalereien von den Göttern stammen. Abgebildet ist das Wild, auf das Jagd gemacht wurde. Wie vertraut die San mit den besonderen Charakteristika der Tiere waren, zeigt die erstaunliche Detailgenauigkeit. Menschen dagegen werden geradezu abstrakt dargestellt – stolze Jäger als Strichmännchen.

FELSMALEREIEN DER SAN IN DEN DRAKENSBERGEN

Die oft mehrfarbigen Malereien wurden an Orten geschaffen, die wahrscheinlich auch als rituelle Stätten dienten. Die Beimischung von frischem Antilopenblut als Bindemittel zu den Farben verweist auf den spirituellen Charakter vieler Darstellungen. Einige Malereien zeigen auch tanzende Figuren mit blutenden Nasen – vielleicht Darstellungen von Zuständen ritueller Trance.

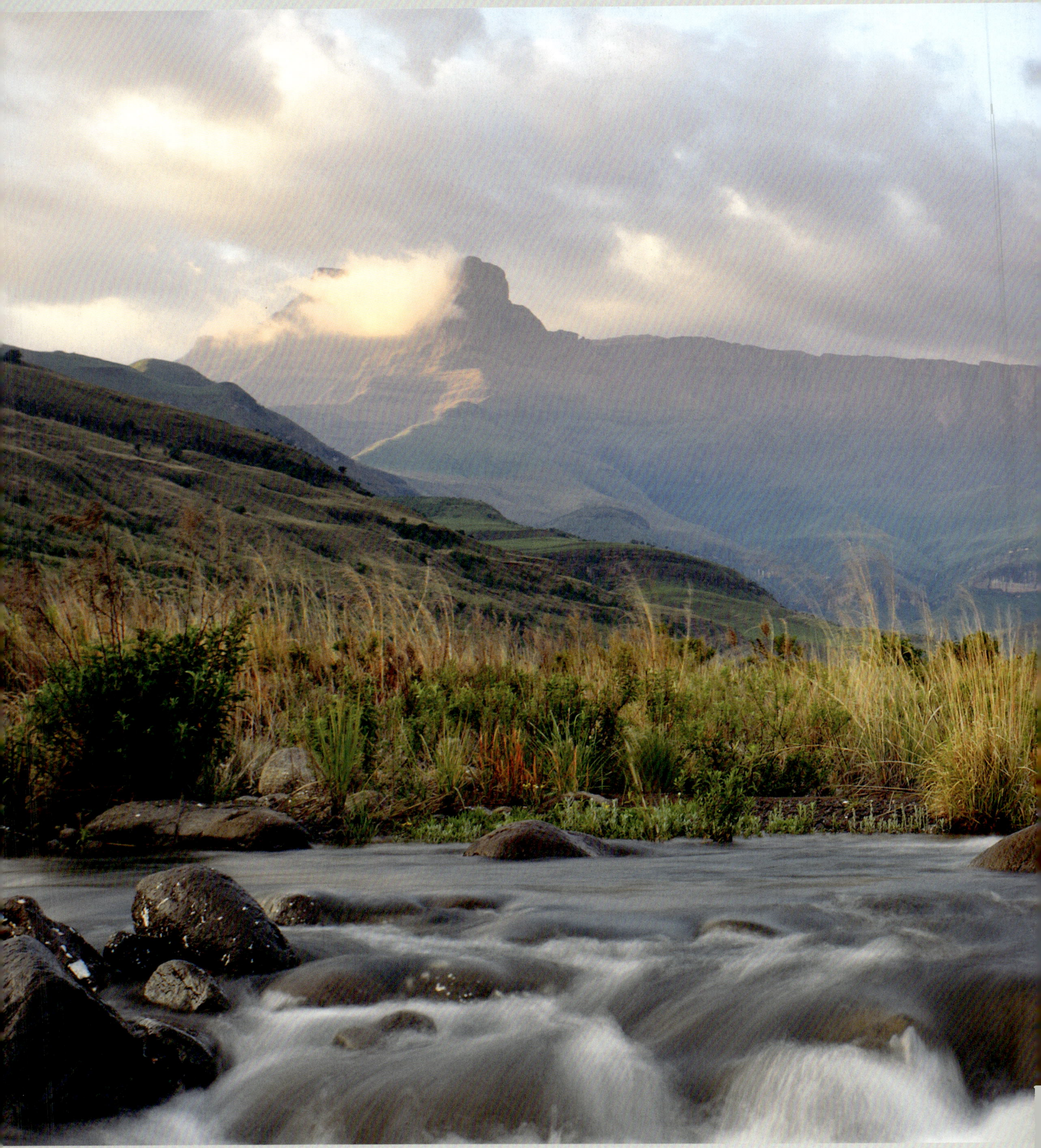

ROYAL NATAL NATIONAL PARK

ROYAL NATAL NATIONAL PARK

Der nördliche Teil der Drakensberge wurde bereits 1907 unter Naturschutz gestellt und 1916 zum Nationalpark erklärt. Das 8800 Hektar große Gebiet wird beherrscht von der fünf Kilometer langen, etwa 500 Meter steil abfallenden Felswand des Amphitheaters, eines Hochplateaus, über das sich der kantige Gipfel des Mont-Aux-Sources (3282 Meter) erhebt. Der Nationalpark ist die Heimat von Bergriedböcken, Klippspringern, Rehantilopen, Pavianen und einer vielfältigen Vogelwelt, zu deren spektakulärsten Vertretern Kapgeier, Kaffernadler und Felsenbussarde zählen. Das Attribut »königlich« erhielt das Schutzgebiet anlässlich des Besuchs der britischen Königsfamilie 1947. Die hohen Herrschaften stiegen damals im Royal Natal National Park Hotel ab, wo Prinzessin Elizabeth ihren 21. Geburtstag feierte. Heute liegt das ehrwürdige Hotel in Trümmern.

ROYAL NATAL NATIONAL PARK

Die Felsbarriere des Amphitheaters wirkt eher wie eine von Riesenhand errichtete Staumauer denn wie ein Theater. Auf einer Länge von fünf Kilometern scheint die nahezu senkrecht ansteigende Felswand jeden Zugang zur Gebirgslandschaft dahinter abzuschneiden. Im Norden und Süden markieren die wuchtigen Klötze von Sentinel (3165 Meter) und Eastern Buttress (3047 Meter) jeweils die Endpunkte.

KWAZULU-NATAL

ROYAL NATAL NATIONAL PARK

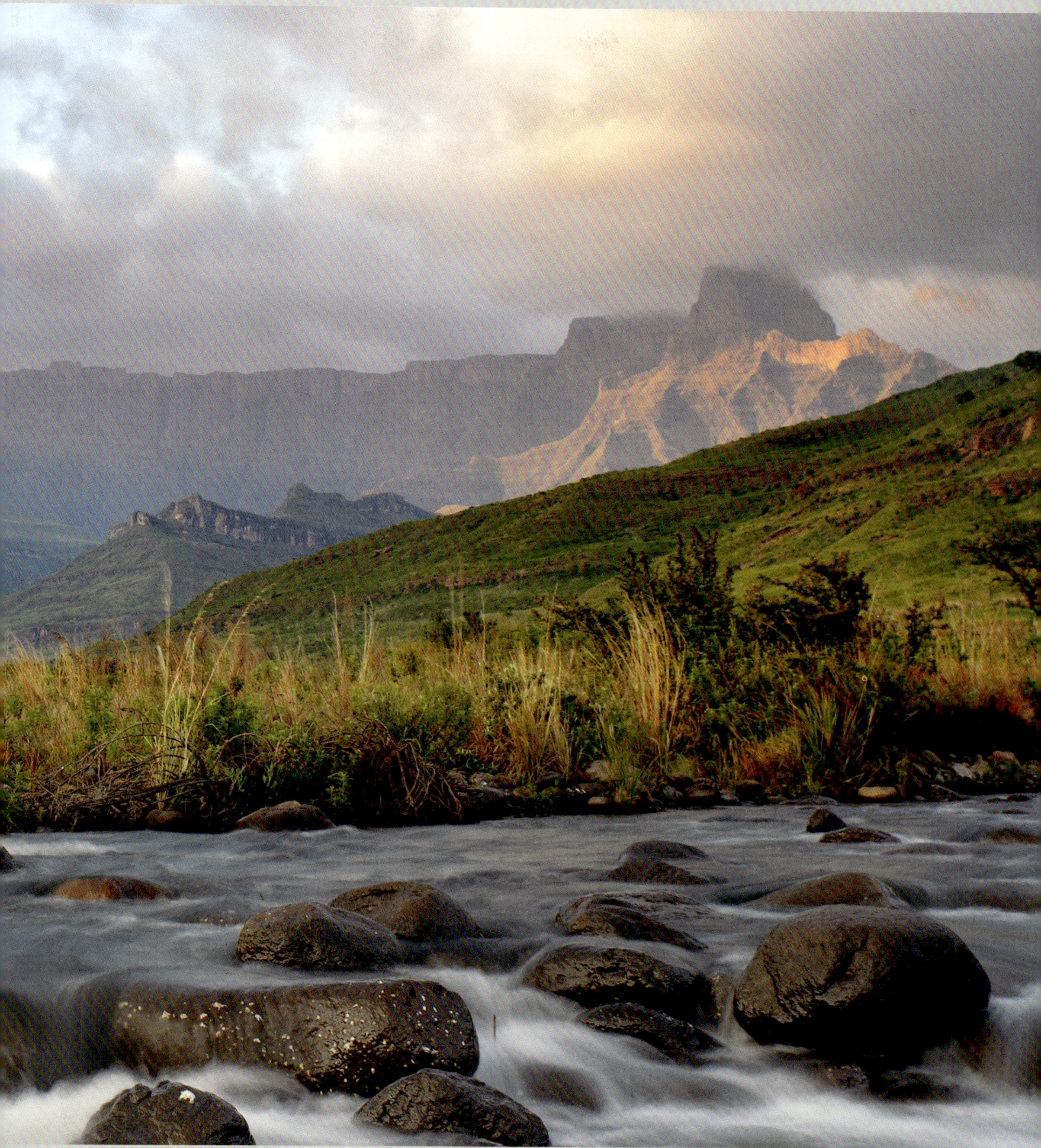

RUGGED GLEN NATURE RESERVE

Das kleine Naturreservat wird oft zum Royal Natal National Park gerechnet, an den es nördlich anschließt. Auch hier überbietet sich die Natur mit reizvollen Bergszenerien: Die Hänge sind mit seltenen Proteenarten bewachsen, und das weite Grasland verwandelt sich im Frühling in ein Blütenmeer. Rugged Glen ist aus der gleichnamigen Farm hervorgegangen, die wegen der ausgelaugten Böden aufgegeben und von der Wildnis zurückerobert wurde. Beliebt ist das Schutzgebiet unter Anglern, die in den vielen glasklaren Bächen und Flüssen die Rute nach Forellen auswerfen. Zwei kurze, aussichtsreiche Wanderwege, Forest Walk und Camel's Hump, erschließen unter anderem den Kamelhöcker genannten Gipfel, von dem der Blick weit über das Nature Reserve reicht. Wenn der Natal-Honigstrauch sein leuchtendes Rot zeigt, sieht die Landschaft besonders malerisch aus.

RUGGED GLEN NATURE RESERVE

Der idyllischste Teil der Drakensberge: Das Naturschutzgebiet Rugged Glen in KwaZulu-Natal gilt nicht nur als Paradies für Wanderer, sondern auch für Vogelbeobachter und Forellenfischer. Die grausame Geschichte, die dieses Land erleben musste, sieht man ihm glücklicherweise nicht mehr an. Viele Generationen lang haben sich hier Zulus, Briten und Buren bis aufs Blut bekämpft.

ZULU

Die knapp elf Millionen Zulu bilden die größte schwarze Volksgruppe Südafrikas. Sie leben in der Region KwaZulu-Natal sowie um Johannesburg. Anfang des 19. Jahrhunderts führte sie ihr König Shaka in einen Kriegszug, bei dem weite Teile des südlichen Afrika erobert, Völker unterworfen und teils auch vertrieben oder ausgelöscht wurden. Shaka stand einem streng hierarchisch organisierten Militärstaat vor. Wegen seiner Eroberungen und seiner Machtgier nannte man ihn »Schwarzer Napoleon«. 1828 wurde er von seinem Halbbruder Dingane ermordet. Dieser versuchte danach vergeblich, den Vormarsch der Buren in noch unkolonisierte Gebiete Südafrikas zu stoppen. In der legendären Schlacht am Blood River (1838) besiegte der Burengeneral Martinus Wessel Pretorius, Namensgeber der Hauptstadt, mit 500 Mann eine Armee von 12500 Zulu-Kriegern. 3000 Zulu fanden dabei den Tod. In KwaZulu-Natal erinnern mehrere als Touristenattraktionen eingerichtete Zulukraals wie »Shakaland« an die kriegerische Geschichte und die Traditionen dieses Volkes. Politische Gegenspieler der Zulu sind die Xhosa. Die Animositäten gingen so weit, dass Zulu-Führer Buthelezi 1994 einen Bürgerkrieg riskierte, um die Regierung des Xhosa-dominierten ANC zu verhindern. Heute ist die Zulu-Partei Inkatha eine Oppositionspartei.

ZULU

Die Zulu leisteten den europäischen Kolonisatoren erbitterten Widerstand und eroberten selbst Teile des heutigen Simbabwe. Heute sind ihre Trachten (links und unten Mitte) und Tänze eine wichtige Touristenattraktion. Entlang der Battlefields Route, der »Straße der Schlachtfelder«, zeugen mehr als 50 Orte von den historischen Auseinandersetzungen zwischen Zulus, Briten und Buren in Südafrika.

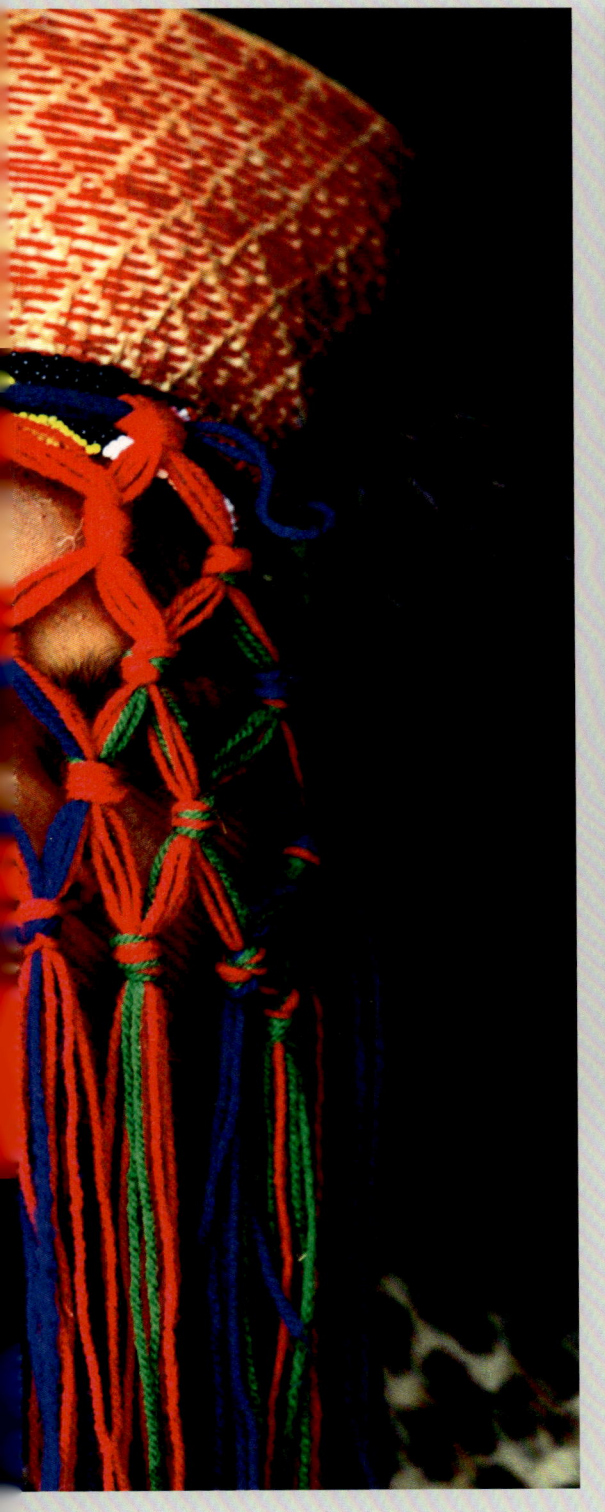

SHAKALAND

Als Museumsdorf der Zulu-Kultur wurde Shakaland in den Entembeni-Hügeln nicht gegründet – vielmehr diente es 1986 als Filmset bei den Dreharbeiten zu der Fernsehserie »Shaka Zulu«. Das aus 55 traditionellen Hütten bestehende Dorf fungierte im Film als historischer Kraal des Zulu-Häuptlings Senzangakhona, dessen Sohn Shaka das in viele Untergruppen zersplitterte Volk der Nguni zu Beginn des 19. Jahrhunderts mit harter Hand und großer Brutalität zur Zulu-Nation vereinte und weite Teile des heutigen Südafrika beherrschte. Bei Vorführungen erleben Besucher die kraftvollen Tänze der Zulu, sie können bei handwerklichen Arbeiten wie Töpfern oder Perlenstickerei zusehen oder einen *inyanga*, einen Heiler, konsultieren. Einen tiefen Eindruck hinterlässt die Demonstration verschiedener Kampftechniken der Zulu-Krieger.

SHAKALAND

In einigen der Hütten in Shakaland (links und großes Bild) können Besucher übernachten. Es werden mehrere unterschiedliche Führungen und Aktivitäten angeboten und die Gäste können Korbflechten, rituelle Tänze und das traditionelle Bierbrauhandwerk lernen. Shakaland diente oft auch schon als Kulisse für Kinofilme. Bei Johannesburg wird mit Lesedi ein ähnliches Dorferlebnis angeboten (unten rechts).

ITHALA GAME RESERVE

Das Ithala Game Reserve im Norden KwaZulu-Natals umfasst ganz unterschiedliche Landschaftstypen und bietet so verschiedensten Pflanzen und Tieren einen Lebensraum. Die Bandbreite reicht vom Buschland des Lowvelds über Galeriewälder entlang der Flussläufe bis hin zu offenen Grassavannen in höheren Gebirgslagen, wo einige der ältesten Gesteine stehen, die weltweit entdeckt wurden. Ihr Alter schätzen Geologen auf drei Milliarden Jahre. Die Spuren menschlicher Besiedlung reichen bis in die Jungsteinzeit; Ende des 19. Jahrhunderts ließen sich burische Farmer nieder, und 1972, bei Gründung des Schutzgebiets, war das Land überweidet und das Wild weitgehend ausgerottet. Heute durchstreifen wieder jede Menge Elefanten, Breit- und Spitzmaulnashörner, Afrikanische Büffel, Kudus, Gnus, Zebras und Giraffen die Savannen.

ITHALA GAME RESERVE

Weil die Einzäunung nicht ganz wildsicher ist, hat man darauf verzichtet, auch Löwen wieder im Ithala Game Reserve einzuführen – ein Umstand, der den vielen Steppenzebras sehr gelegen kommt (links). Leoparden und Hyänen sind hier ihre einzigen Fressfeinde. Auch die Vogelwelt kann sich sehen lassen: Neben Kaffernadler, Ohren- und Weißrückengeier kommt auch der kleine Kaphonigfresser vor (unten).

KWAZULU-NATAL

HLUHLUWE-IMFOLOZI PARK

Die beiden vergleichsweise kleinen Schutzgebiete nördlich von Durban, Hluhluwe und iMfolozi, wurden bereits im Jahr 1895 eingerichtet. Zusammen messen sie knapp 1000 Quadratkilometer vorwiegend dicht bewachsener, von Wasserläufen durchzogener Hügellandschaft. Büffel, Antilopen, Elefanten und Zebras leben hier auf recht engem Raum mit Löwen, Leoparden und einer Vielzahl seltener, teils sogar endemischer Vögel. Die eleganten Nyalas (eine Antilopenart) können hier besonders gut beobachtet werden, ebenso Löffelhunde und Breitmaulnashörner (Ceratotherium simum), deren Bestand in den 1960er-Jahren mit nur noch 20 Exemplaren kurz vor dem Aussterben war. Im Gegensatz zu den Spitzmaulnashörnern (Diceros bicornis) sind ihre Lippen fast quadratisch. Beide Arten haben zwei Hörner. Mehrere gut markierte Wanderwege führen durch das Schutzgebiet.

HLUHLUWE-IMFOLOZI PARK

Unten: Müde muss der Bärenpavian nicht zwangsläufig sein, wenn er gähnend seine Zähne zeigt. Vielmehr kann er auch rangniedrigeren Affen oder seinen Fressfeinden zeigen, dass auch er über ein beeindruckendes Gebiss verfügt, mit dem er sich zu verteidigen weiß. Das ebenfalls hier vorkommende Burchell-Zebra, eine Unterart des Steppenzebras, weist an den Beinen kaum noch Streifen auf (links).

HLUHLUWE-UMFOLOZI PARK

HLUHLUWE-UMFOLOZI PARK

Der Naturpark gilt als Geburtsstätte der Bemühungen um die Arterhaltung der Breitmaulnashörner.

PHINDA GAME RESERVE

Das 23 000 Hektar große, private Schutzgebiet unweit des iSimangaliso Wetland Park wirkt wie eine üppige Oase. Eine der sieben hier vorkommenden Vegetationszonen ist der eigenwillige, auf Sanddünen wachsende Wald. Phinda beherbergt mit über 400 Arten einen außerordentlichen Vogelreichtum. Die Big Five Elefant, Nashorn, Büffel, Löwe und Leopard lassen sich auf dem Gelände gut beobachten, aber auch seltenere Tiere wie die scheuen Geparde werden regelmäßig bei den Game Drives gesichtet. Dies war nicht immer so – erst die Operation »Phinda Izilwane«, die »Rückkehr der Tiere«, legte mit der Wiedereinführung der durch Landwirtschaft verdrängten Arten den Grundstein für den heutigen Wildreichtum. Beim Schnorcheln oder Tauchen am Korallenriff der nahen Sodwana Bay begegnet man zudem Delfinen, Meeresschildkröten und einer Vielzahl leuchtend bunter Riffbewohner.

PHINDA GAME RESERVE

Unten: Geparde lassen sich durch ihre markante Gesichtszeichnung leicht von Leoparden unterscheiden, zudem sind sie kleiner und flinker als ihre Raubkatzenverwandten. Sie sind bei den Pirschfahrten im Phinda Game Reserve ebenso häufig anzutreffen wie Giraffen und Löwen (links). Kein Wunder, dass der Name des exklusiven Privatreservats »zurück zur Wildnis« bedeutet.

ISIMANGALISO WETLAND PARK

Das Kernstück des 2500 Quadratkilometer großen Nationalparks an der Nordostküste von KwaZulu-Natal ist der rund 380 Quadratkilometer messende flache St.-Lucia-See, den ein Dünengürtel vom Indischen Ozean trennt. Gespeist von mehreren Flüssen, empfängt der See bei Flut auch Meerwasser. Der niedrige Salzgehalt lockt eine Vielzahl von Vogelarten an, die im flachen Brackwasser einen reich gedeckten Tisch vorfinden. Rosaflamingos, Pelikane, Stelzenläufer, Schlangenhalsvögel und Klunkerkraniche geben sich am See und entlang der Meeresküste, die ebenfalls unter Naturschutz steht, ein Stelldichein. Flusspferde wälzen sich im Wasser, und in den Mangrovensümpfen lauern Krokodile. Landeinwärts durchstreifen Büffel, Antilopen und Nashörner die Dornbuschsavanne. Die der Küste vorgelagerten Korallenriffe sind Heimat einer farbenfrohen Unterwasserfauna.

ISIMANGALISO WETLAND PARK

Der Nationalpark bietet nicht nur abwechslungsreiche Landschaften und Aussichtspunkte (links), sondern ist auch ein Rückzugsgebiet für eine Fülle von tierischen Bewohnern, darunter Nilkrokodil (großes Bild, Jungtier, und Folgeseiten), Großer Kudu, Warzenschwein, Südliche Grünmeerkatze, Gabunviper, Seerosenriedfrosch, Streifengnu, Goliathreiher und Flusspferd (Bildleiste im Uhrzeigersinn von links oben).

KWAZULU-NATAL 375

ISIMANGALISO WETLAND PARK

ISIMANGALISO WETLAND PARK

Vom Zulu-Wort »iSimangaliso«, das Wunder bedeutet, leitet sich der Name des Nationalparks an der südafrikanischen Ostküste ab.

PONGOLA NATURE RESERVE

Als 1970 der Pongola River aufgestaut wurde, um Zuckerrohrplantagen zu bewässern, gab es in der Region des heutigen Game Reserve nur noch wenig Wild. Dabei hatte Präsident Paul Kruger bereits 1894 die Einrichtung des Naturschutzgebietes verfügt, das aber später Burenfamilien besiedelten und als Farmland nutzten. Der zweite Versuch knapp 100 Jahre später wurde 1979 umgesetzt und war erfolgreicher. Reizvoll ist die Lage am See, in dem die von Anglern sehr geschätzten Tigerfische leben. Gefangen werden sie wegen der vielen Flusspferde und Krokodile von Booten aus. Herden von Giraffen, Kudus, Büffeln und Elefanten durchstreifen die Dornbuschsavanne. Selbst die seltenen Nyalas und die bedrohten Breitmaulnashörner lassen sich in der mit Akazien bewachsenen Ebene hervorragend beobachten. Game Drives finden in Pongola mit dem offenen Fahrzeug oder aber mit dem Boot statt.

Fast heimisch nimmt sich die hier abgebildete Fauna aus: Hausgänse schwimmen auf dem Lake Jozini, an dessen Ufer der Hauben-Zwergenfischer, ein Verwandter des heimischen Eisvogels, einen Fisch fängt (von links).

TEMBE ELEPHANT PARK

Die größten Afrikanischen Elefanten und eine der kleinsten Antilopenarten, das Suni oder Moschusböckchen, bewohnen das 30 000 Hektar große Areal an der Grenze zu Mosambik. Die von Dünenwäldern und Dornbuschsavannen geprägte Region war früher die Heimat riesiger Elefantenherden, die Wilderer und die Kriegswirren im benachbarten Mosambik dezimierten. Als das Schutzgebiet 1983 eingerichtet wurde, waren die verbliebenen Tiere so aggressiv, dass Besucher nicht eingelassen werden konnten. Erst zehn Jahre später konnte man den Park für Selbstfahrer öffnen, die allerdings wegen der tiefsandigen Pisten unbedingt einen Geländewagen benötigen. Der Elefantenbestand ist auf rund 200 Tiere angewachsen, darunter so imposante Bullen wie der legendäre Isilo, dessen Stoßzähne eine Länge von 2,50 Metern erreichen. Außerdem streifen die restlichen Arten der Big Five sowie zahlreiche Antilopen, Giraffen, Zebras und Hyänen durch die lichten Wälder.

Neben den – im wahrsten Sinne des Wortes – großen Attraktionen des Parks, den Elefanten, lohnt sich auch der Blick fürs Detail: Nagelbeeren gehören zur typischen Vegetation (von links).

PONGOLA NATURE RESERVE

TEMBE ELEPHANT PARK

KWAZULU-NATAL

NDUMO GAME RESERVE

Wasserläufe, Seen und temporäre Vleis (Tonpfannen) prägen die Landschaft des 10 000 Hektar großen Schutzgebiets an der Grenze zu Mosambik. Feigenbäume und Fieberakazien säumen den Lauf der Flüsse Usutho und Pongola und bieten zusammen mit Dünenwäldern und Buschland über 430 Vogelarten ein Habitat. Damit besitzt Ndumo die höchste Vogelvielfalt Südafrikas. Bemerkenswert ist das Vorkommen tropischer Spezies, die eigentlich weiter nördlich in Ostafrika beheimatet sind, und die Vielzahl seltener Wasservögel wie Glockenreiher, Afrikanische Zwergente oder Witwenpfeifgans. Zahlreich sind auch die Krokodile in Seen und Flüssen. Bei Pirschfahrten oder geführten Buschwanderungen begegnet man Giraffen, Büffeln, Nyalas, Impalas und den winzigen Sunis, einer kleinen, auch als Moschusböckchen bekannten Antilopenart, die nur 40 Zentimeter groß werden.

NDUMO GAME RESERVE

Eine selbst für Südafrika ungewöhnliche Artenvielfalt zeigt sich im Ndumo-Reservat, darunter auch viele sonst nur weiter nördlich vorkommende Spezies. Ein weiteres Superlativ ist für die Besucher des Game Reserve eher unerfreulich: In Ndumo haben Insektenkundler 66 verschiedene Moskitoarten identifiziert, Malaria-Prophylaxe ist angeraten. Unten: die ungiftige Natal-Buschschlange.

SWASILAND UND LESOTHO

Die kleinen Binnenstaaten Swasiland und Lesotho im Osten von Südafrika sind die letzten Monarchien Afrikas. Sie präsentieren das traditionelle Afrika mit friedlichen Rundhüttendörfern, gelebter Tradition und einer aufgeschlossenen, herzlichen Bevölkerung. Lesotho, als »Königreich im Himmel« von hohen Gebirgsriegeln umgeben, ist herausragend als Wandergebiet oder Areal für das Trekking mit den berühmten Basotho-Ponys geeignet; Swasilands landschaftliche Vielfalt reicht von niedrig gelegenen Savannen bis zu den dichten Gebirgswäldern im Westen.

Leider allzu oft Alltag im armen Swasiland: Maria Ngidi ist eine *gogo* (Swazi-Wort für »alte Großmutter«), die in der Siedlung Enkamanzi lebt. Sie betreut acht ihrer verwaisten Enkel und Urenkel, da sechs ihrer sieben Kinder mittlerweile verstorben sind, die meisten an Aids.

SWASILAND

Swasiland ist ein unabhängiges Königreich im Nordosten von Südafrika und wird von König Mswati III. regiert. Das Parlament hat keinen politischen Einfluss. Mit insgesamt 17364 Quadratkilometern Fläche ist Swasiland kleiner als der Kruger National Park. Seine Landschaftsräume reichen von dem etwa 300 Meter hohen Lowveld im Osten mit seinen Trockensavannen über die mittleren Höhenlagen des Middlevelds mit seinen grünen, fruchtbaren Hügeln bis auf 1862 Meter Höhe im westlichen Bergland, das mit dichten Wäldern bestanden ist. Swasilands Charme machen seine herrlichen Naturlandschaften und die traditionellen Dörfer aus. In mehreren Nationalparks werden Flora und Fauna geschützt. Vor allem der Vogelreichtum ist überaus eindrucksvoll. Die Hauptstadt Mbabane hingegen ist wenig mehr als ein Provinzstädtchen mit lebhaftem Markt.

SWASILAND

Unten: Ein traditioneller Swazi-Heiler, ein »Sangoma«, vor seiner Rundhütte. Traditionen spielen auch bei der Kleidung (ganz links), beim Bau der charakteristischen Strohhütten und im Kunsthandwerk (links: Tücher in traditionellen Mustern) eine wichtige Rolle im absolutistisch regierten Swasiland. Die Swazi sind eine Untergruppe der Nguni, ihr gehören über 90 Prozent der Einwohner von Swasiland an.

MALOLOTJA NATURE RESERVE

Im dicht besiedelten Swasiland lädt die faszinierende Wildnisenklave von Malolotja zu ausgiebigen Wandertouren. Die Gebirgsregion bezaubert mit ihren vielfältigen Landschaftsformen und einer artenreichen Flora. Knapp 40 verschiedene Orchideen kommen in dem Nature Reserve vor, Amaryllis entfalten ihre pinkfarbenen Blütenstände und in geschützten, schattigen Lagen wachsen seltene Palmfarne. Im Frühjahr überziehen sich die Berghänge mit einem Blütenmeer. Bei Wanderungen begegnet man den frechen Klippschliefern und Weißschwanzmangusten; gelegentlich kreuzt auch ein scheues Bleichböckchen oder ein Zebra den Pfad. Vorsicht ist vor den zahlreichen Schlangenarten geboten, die im felsigen Areal gute Deckung finden. Besonders reizvoll sind die von der Nature Reserve angebotenen Canopy-Touren, bei denen Besucher die Natur aus der Vogelperspektive von den Baumwipfeln aus erkunden.

Der Blessbock, eine Unterart des Buntbocks, gehört zu den im Malolotja-Naturreservat anzutreffenden Tierarten. Die tagaktive Antilopenart ernährt sich von Gräsern und scheut die starke Mittagshitze.

MLILWANE WILDLIFE SANCTUARY

Mit der Einrichtung des kleinen Reservats auf der väterlichen Farm gab Ted Reilly 1959 den Startschuss für den Ausbau von Naturschutzmaßnahmen in Swasiland. Der Name »Milwane«, »kleines Feuer«, ist bewusst gewählt, denn diese Gründung sollte viele weitere Initiativen des Artenschutzes anfachen. Zahlreiche Wildarten waren zu diesem Zeitpunkt bereits durch Siedlungen und Landwirtschaft verdrängt. Reilly renaturierte seine Farm, legte Wasserstellen an und wilderte Tiere, die früher in dieser Region ihren Lebensraum hatten, wieder aus. Das Schutzgebiet liegt außerordentlich malerisch in einem Gebirgstal, und da Reilly auf die Ansiedlung von Raubtieren verzichtete, können es Besucher ungefährdet zu Fuß oder per Rad erkunden. Das Wild wie Kudus, Nyalas oder Warzenschweine zeigt wenig Scheu und lässt die Menschen relativ nahe an sich herankommen. Auch Krokodile und Flusspferde fühlen sich von den Gästen des Restaurants am Seeufer nicht gestört.

Relativ gefahrlos kann man sich den Großen Kudus (rechts) und den Gnus (ganz rechts) in Mlilwane zu Fuß nähern. Ein gewisser Sicherheitsabstand ist aber immer einzuhalten.

MALOLOTJA NATURE RESERVE

MLILWANE WILDLIFE SANCTUARY

HLANE ROYAL NATIONAL PARK

Mit rund 300 Quadratkilometer Fläche ist Hlane das größte Naturschutzgebiet Swasilands. Im flachen Bushveld finden Tiere wie Elefanten oder Breitmaulnashörner wenig Deckung und sind leicht aufzuspüren. In der Trockenzeit ziehen Herden von Steppenzebras, Kudus und Impalas in den nördlichen Teil des Parks, wo sie am Mbuluzana River Wasser finden. Mitte des 20. Jahrhunderts sah es im Osten Swasilands noch völlig anders aus. Durch Farmen und eine Zinnmine war das Gebiet intensiv bewirtschaftet; 1959 wurde das letzte Wild gesichtet. Die Anfang des 20. Jahrhunderts zugewanderte Unternehmerfamilie Reilly beschloss damals, den Naturschutz in ihre Hand zu nehmen, und stellte dafür eigenes Land zur Verfügung. Swasilands damaliger König Sobhuza II. folgte ihrem Beispiel und überließ sein königliches Jagdrevier. 1967 wurde das Gebiet zum Nationalpark erklärt.

HLANE ROYAL NATIONAL PARK

Auch wenn er müde scheint und meist faul im hohen Gras liegt, sollte man einem ausgewachsenen Löwenmännchen nie zu nahe kommen (unten). Für die Ranger bilden auf den Pirschfahrten aber Nashörner (links ein Breitmaulnashorn) die größere Gefahr. Während die Raubkatzen um die Jeeps lieber einen Bogen machen, scheut ein aggressives Nashorn nicht davor zurück, auch mal einen Wagen anzugreifen.

SWASILAND UND LESOTHO

HLANE ROYAL NATIONAL PARK

HLANE ROYAL NATIONAL PARK

Eine Schönheit ist das Warzenschwein gewiss nicht, das seinen wenig schmeichelhaften Namen seinen Kopfwarzen verdankt.

LESOTHO

Politisch eigenständig ist das rund 30 300 Quadratkilometer große Königreich Lesotho am Südrand der Drakensberge. Mehrere Flüsse wie der Oranje/Senqu durchströmen die zwischen 1000 und 2000 Meter hoch gelegenen Täler in teils bis zu 800 Meter tief eingeschnittenen Schluchten und verleihen ihnen grüne Üppigkeit, während in höheren Lagen nur noch zähes Gras und Dornbüsche der Witterung trotzen. Die rund 2,2 Millionen Sotho sind vorwiegend Bauern und Viehzüchter. Viele von ihnen leben in einfachen Rundhüttendörfern; die Landflucht treibt aber immer mehr Menschen in die Hauptstadt Maseru. Eingewandert sind die Sotho im Zug des großen Umbruchs, den Shaka Zulu mit seinen Eroberungen im südlichen Afrika zu Beginn des 19. Jahrhunderts ausgelöst hatte. Ureinwohner Lesothos waren die San, deren Felsbilder in vielen Höhlen zu finden sind.

LESOTHO

Eine archaisch wirkende Welt begegnet dem Reisenden im Bergkönigreich Lesotho. Einheimische grüßen den Fremden mit einem freundlichen »lumela« (»hallo«, links). Basotho-Ponys und Mulis sind die wichtigsten Transportmittel; in hohen Lagen bilden Agaven die einzige Vegetation (ganz links). Steinerne Rundhütten sind die typischen Behausungen der Basotho, denen 99 Prozent der Bevölkerung angehören (unten).

SANI PASS

Die spektakuläre Passstrasse von Himeville/Südafrika nach Mokhotlong/Lesotho ist der einzige – und nur für geländegängige Autos befahrbare – Übergang über die südlichen Drakensberge. Die Route wurde in den 1950er-Jahren angelegt, ist nicht asphaltiert und in manchen Abschnitten außerordentlich steil. So klettert sie nach Passieren des südafrikanischen Grenzpostens auf 1900 Metern in 17 Serpentinen und auf nur neun Kilometern Strecke weitere 1000 Meter bergauf. Scheitelpunkt ist der 2895 Meter hohe Sani Pass, die Grenze zu Lesotho und zugleich Wasserscheide zwischen Atlantik und Pazifik. Die aufsehenerregende landschaftliche Szenerie mit karg bewachsenen Hängen, die sich zu den abgeflachten Gipfelplateaus der Tafelberge emporschwingen, überragt der Thabana-Ntlenyana (3482 Meter), der höchste Berg des südlichen Afrika.

SANI PASS

Spektakulär windet sich die Schotterstraße den Berg hinauf, steile Haarnadelkurven verlangen fahrerisches Können und höchste Konzentration (unten). Hinzu kommen noch widrige äußere Umstände: Die Wetterbedingungen auf dem Pass sind oft schwierig, es regnet häufig, und selbst im Sommer ist mit plötzlich einsetzendem Schneefall zu rechnen. Entschädigt wird man für die Fahrt mit spektakulären Aussichten.

SWASILAND UND LESOTHO

MALETSUNYANE GORGE

Mit 192 Metern, die der Fluss ohne eine einzige Stufung in die Schlucht hinabstürzt, gelten die Fälle des Maletsunyane River als die höchsten des südlichen Afrika; sie sind mehr als doppelt so hoch wie die südafrikanischen Lisbon Falls. Allerdings ist der Wasserstrahl recht schmal und kann deshalb mit anderen Fällen kaum konkurrieren. Der Fluss hat im Laufe von Jahrmillionen einen engen Canyon ausgewaschen, in den trittsichere Wanderer über einen Pfad am Rand des Wasserfalls hinunterklettern können. Abenteuerlicher ist es, an einem »Abseiling« über die Felswand teilzunehmen. Fälle und Schlucht beherbergen eine artenreiche Tier- und Pflanzenwelt, so die auffällige *Aloe polyphylla,* eine Aloenart, deren Blätter spiralförmig angeordnet sind und die als Lesothos Nationalblume gilt. Gelegentlich bekommen Wanderer einen Waldrapp zu Gesicht.

MALETSUNYANE GORGE

Die Maletsunyane-Schlucht durchbricht wie ein plötzlicher Einschnitt die sanfte Hügellandschaft (unten). Da die Region um den Wasserfall nicht unter Naturschutz steht, ist sie von landwirtschaftlichem Raubbau bedroht. Der Wasserfall (links) ist sogar fast doppelt so hoch wie die berühmten Victoriafälle, befördert allerdings nur einen Bruchteil von deren Wassermassen ins Tal. Meist steigen große Dampfwolken auf.

REGISTER

A

Addo Elephant National Park s. Nationalpark Addo Elephant
Afrikaans 28
|Ai-|Ais Richtersveld Transfrontier Park s. Schutzgebiet |Ai-|Ais Richtersveld
Algoa Bay 152
Apartheid 26, 68, 240, 242, 252, 268
Augrabies Falls National Park s. Nationalpark Augrabies Falls

A

Bantu 172
Basotho 264
Berlin Falls 332
Betty's Bay 98
»Big Five« 162
Biosphärenreservat Kogelberg 98 ff.
Bloemfontein 256
Blouberg Beach 64 ff.
Blyde River Canyon Nature Reserve s. Naturreservat Blyde River Canyon
Bo-Kaap, Kapstadt 28
Bontebok National Park s. Nationalpark Bontebok
Boulders Beach 60 ff.
Brillenpinguine 60 ff., 98, 153
Büffel 162
Buntböcke 110
Buren 64, 230, 340

C

Camdeboo National Park s. Nationalpark Camdeboo
Camps Bay 42 ff.
Cango Caves 132
Cape Agulhas 106
»Cape Floral Kingdom« (UNESCO-Weltnaturerbe) 16
Cape of Good Hope Nature Reserve s. Naturreservat Cape of Good Hope
Cape Winelands 74 ff.
Cederberg Mountains s. Zederberge
Chapman's Peak Drive 50, 54
Clifton 40
Clifton Bay 40
Coelacanthus 168
Coon Carnival 28

D

De Hoop Nature Reserve s. Naturreservat De Hoop
Diamanten 224
Díaz, Bartolomeu 58, 152
Donkin Street Houses 150

Drakensberge 342, 394
Drostdy-Museum 133
Durban 336 ff.
  - Beachfront 338
Dwesa-Cwebe Marine Protected Area s. Schutzgebiet Dwesa-Cwebe

E

East London 144, 168
Eastern Free State 258
Elefanten 296, 298, 378

F

False Bay 46
Franschhoek 80
Freistaat 226

G

Garden Route 114 ff.
Garden Route National Park s. Nationalpark Garden Route
Gauteng 226
Giraffen 2
Goegap Nature Reserve s. Naturpark Goegap
Golden Gate Highlands National Park s. Nationalpark Golden Gate
Great Karoo 136

H

Hartbeerspoort Dam Reservoir s. Wildschutzgebiet Hartbeespoort
Hermanus 102
Hlane Royal National Park s. Nationalpark Hlane
Hluhluwe-Imfolozi Park 368 ff.
Hout Bay 50 ff.

I/J

Isimangaliso Wetland Park 374 ff.
Ithala Game Reserve s. Schutzgebiet Ithala
Johannesburg 227, 234 ff.
  - Museen 240

K

Kalahari-Wüste 218 ff.
Kap der Guten Hoffnung 16, 58
Kapama Game Reserve s. Schutzgebiet Kapama
Kapstadt 16 ff.
  - Bo-Kaap 28
  - Botanischer Garten, National Botanic Gardens am Tafelberg 38
  - Castle of Good Hope 24
  - Downtown 18 ff.
  - Long Street 26
  - Shopping 34

  - South African Museum 24
  - Strandleben 46 ff.
  - Two Oceans Aquarium 34
  - Victoria & Alfred Waterfront 6, 17, 30 ff.
  - Victoria Wharf Mall 34
  - William Fehr Collection of Africana 24
Karoo National Park s. Nationalpark Karoo
Kgalagadi Transfrontier Park s. Schutzgebiet Kgalagadi Transfrontier Park
Khoikhoi 192
Kimberley 222
Knysna 120
Knysna Forest 122
Kogelberg Biosphere Reserve s. Biosphärenreservat Kogelberg
Kommetjie 56
Krüger-Nationalpark 286
  - Lanner Gorge 290
  - Lepelle River & Olifants Rest Camp 298 ff.
  - Letaba River 292
  - Südlicher Teil 204
Kruger National Park s. Krüger-Nationalpark
Kwazulu-Natal 334, 362

L

Lambert's Bay 88
Leoparden 1, 294
Lesotho 382, 392
Limpopo 266
Lion's Head 40
Little Karoo 128 ff.
Löwen 288

M

Madikwe Game Reserve s. Schutzgebiet Madikwe
Magoebaskloof 270 ff.
Makalali Game Reserve s. Schutzgebiet Makalali
Makeba, Miriam 248
Maletsunyane Gorge 396
Malolotja Nature Reserve s. Naturreservat Malolotja
Mandela, Nelson 68, 70, 144, 172, 240
Mapungubwe National Park s. Nationalpark Mapungubwe
Marakele National Park s. Nationalpark Marakele
Mlilwane Wildlife Sanctuary s. Wildreservat Mlilwane
Mossel Bay 112
Mountain Zebra National Park s. Nationalpark Mountain Zebra
Mpumalanga 266
Muizenberg, Bucht 49

REGISTER

N
Nahoon Beach 168
Nama 184, 188, 192
Namaqua National Park s. Nationalpark Namaqua
Namaqualand 194 ff.
Nashörner 282
Nationalpark Addo Elephant 4, 154 ff.
Nationalpark Augrabies Falls 206 ff.
Nationalpark Bontebok 110
Nationalpark Camdeboo 140
Nationalpark Garden Route/Tsitsikamma 146 ff.
Nationalpark Golden Gate Highlands 260 ff.
Nationalpark Hlane Royal National Park 388 ff.
Nationalpark Karoo 138
Nationalpark Mapungubwe 276
Nationalpark Marakele 274
Nationalpark Mountain Zebra 140, 142
Nationalpark Namaqua 200 ff.
Nationalpark Royal Natal 354 ff.
Nationalpark Table Mountain National Park 60
Nationalpark West Coast National Park 86
Naturpark Goegap 204
Naturreservat Blyde River Canyon 322 ff.
　- Bourke's Luck Potholes 328 ff.
　- God's Window 326
Naturreservat Cape of Good Hope 60
Naturreservat De Hoop 108
Naturreservat Malolotja 386
Naturreservat Rugged Glen 360
Naturreservat Swartberg 134
Naturschutzgebiet Bakkrans 96
Naturschutzgebiet Pongola 378
Ndebele 268
Ndumo Game Reserve s. Schutzgebiet Ndumo
Nordkap 184 ff.
Nordwest 226 ff.

O
Orange River/Oranje 186, 224
Ostkap 144 ff.
Outeniqua Choo-Tjoe 112

P
Paarl 80
Paviane 60
Phinda Game Reserve s. Schutzgebiet Phinda
Pietermaritzburg 341
Pilanesberg National Park & Game Reserve s.
　Schutzgebiet Pilanesberg
Plettenberg Bay 124
Pongola Nature Reserve s.
　Naturschutzgebiet Pongola
Port Elizabeth 144, 150, 152

Pretoria 228
　- Ditsong National Museum of
　　Natural History 232
　- Voortrekker Monument 230
Pretorius, Andries 230

R
Robben Island 68
Royal Natal National Park s. Nationalpark
　Royal Natal
Rugged Glen Nature Reserve s. Naturreservat
　Rugged Glen
Sábi Sabi Game Reserve s. Schutzgebiet Sabi Sabi
Sabi Sands Game Reserve s. Schutzgebiet Sabi
　Sands
Sabie River 312
San 94, 128, 184, 192, 350
　- Felsmalereien 94, 352
Sani Pass 394
Schutzgebiet |Ai-|Ais Richtersveld
　Transfrontier Park 188 ff.
Schutzgebiet Dwesa-Cwebe 182
Schutzgebiet Ithala 366
Schutzgebiet Kapama 284
Schutzgebiet Kgalagadi Transfrontier
　Park 8, 210 ff.
Schutzgebiet Madikwe 250
Schutzgebiet Makalali 278 ff.
Schutzgebiet Ndumo 380
Schutzgebiet Phinda 372
Schutzgebiet Pilanesberg National Park & Game
　Reserve 254
Schutzgebiet Sabi Sabi 314
Schutzgebiet Sabi Sands 316
Schutzgebiet Timbavati 306
Schutzgebiet Ulusaba 308
Shakaland 364
Shamwari Game Reserve s. Wildschutzgebiet
　Shamwari Game
Simon's Town 46, 60
Slangkop Point Lighthouse s. Kommetje
Soweto 242 ff.
Stellenbosch 72, 82
Stellenbosch Wine Routes 82
Strauße 160, 26
Sun City 252
Surfen 64
Swartberg Nature Reserve s.
　Naturreservat Swartberg
Swartland 84
Swasiland 382 ff.
Swazi 266
Swellendam 132

T
Tafelberg 16, 33, 36, 38
Tembe Elephant Park 378
Timbavati Game Reserve s.
　Schutzgebiet Timbavati
Township Jive 248
Townships 246
Transkei 170
Tshwane 228
Tsitsikamma National Park s. Nationalpark
　Garden Route
Twelve Apostles 42 ff.

U
Ukhahlamba-Drakensberg Park 344
　- Cathedral Peak 348
　- Giant's Castle Game Reserve 346
Ulusaba Game Reserve s. Schutzgebiet Ulusaba

V
Valley of Desolation 140
Van der Stel, Simon 72, 74
Van Riebeeck, Jan 24, 50, 85
Vogelwelt 318 ff.

W
Wale 102, 125
Weinbau 82
Weingut, Stellenbosch 72
Weißer Hai 180
West Coast 84
Westkap 16 ff.
Whale Watching 104
Wild Coast 176 ff., 182
Wildreservat Mlilwane 386
Wildschutzgebiet Hartbeespoort Dam
　Reservoir 254
Wildschutzgebiet Shamwari Game 164 ff.

X/Z
Xhosa 144, 170, 172 ff.
Zederberge 90 ff., 94
Zedern, Clanwilliam-Zedern 91
Zulu 11, 172, 264, 270, 334, 362

BILDNACHWEIS/IMPRESSUM

A = Alamy; C = Corbis; G = Getty Images; L = Laif; M = Mauritius Images

Cover/Seite 1: C/Fabian von Poser
S. 2/3 Look/Sabine Lubenow, S. 4/5 C/Martin Harvey, S. 6/7 Look/Martin Kreuzer, S. 8/9 G/HPH Publishing, S. 10/11 Look/Michael Boyny, S. 12/13 G/Louis Hiemstra, S. 14/15 G//Denver Hendricks, S. 16/17 Look/travelstock44, S. 18/23 M/Alamy, S. 19–22 G/John Snelling, S. 23 G/Chad Henning, S. 24 Look/age fotostock, S. 24 M/Alamy, S. 24/25 G/Ariadne Van Zandbergen, S. 24/25 C/Richard T. Nowitz, S. 26/27 M/Dirk Bleyer, S. 27 G/Franz Marc Frei, S. 28/29 G/Jan Greune, S. 29 C/Sergio Pitamitz, S. 29 G/Hein von Horsten, S. 29 G/Neil Overy, S. 29 G/Neil Emmerson, S. 30/31 G/Sabine Lubenow, S. 31 G/Siegfried Layda, S. 32/33 M/Alamy, S. 34/35 M/Günter Lenz, S. 34/35 M/Alamy, S. 35 Look/travelstock44, S. 36/37 C/Jon Hicks, S. 37 G/Panoramic Images, S. 38 M/Alamy, S. 38 M/Alamy, S. 38/39 G/Steve Corner, S. 39 G/Steve Corner, S. 39 M/Alamy, S. 39 M/Alamy, S. 40/41 G/Hougaard Malan, S. 41 G/David Wall Photo, S. 42/43 G/Johan Sjolander, S. 43 G/Andy Nixon, S. 44/45 C/Chris Clor, S. 46/47 Look/Bernhard Limberger, S. 47 C/Wavebreak Media LTD, S. 48/49 Look/age fotostock, S. 50/51 C/Zero Creatives, S. 51 G/Shaen Adey, S. 51 G/Shaen Adey, S. 51 G/Shaen Adey, S. 51 G/Shaen Adey, S. 51 G/Shaen Adey, S. 51 G/Shaen Adey, S. 52/53 G/Hougaard Malan, S. 54/55 Look/Jan Greune, S. 55 Look/Jan Greune, S. 56/57 C/Peter Barrett, S. 57 G/Jo-Ann Stokes, S. 58/59 G/Art Wolfe, S. 59 G/Panoramic Images, S. 60 G/Peter Chadwick, S. 60 M/Ulrich Doering, S. 60/61 G/Andy Nixon, S. 60/61 C/Great Stock, S. 62/63 Look/Jan Greune, S. 64/65 Look/Hendrik Holler, S. 65 C/Michael Edwards, S. 66/67 G/Paul Bruins Photography, S. 68/69 C/Louise Gubb, S. 69 Look/TerraVista, S. 69 Look/Juergen Stumpe, S. 69 C/Jason Edwards, S. 69 C/Gideon Mendel, S. 70 C/David Turnley, S. 71 C/Louise Gubb, S. 71 C/Saeed Qaq/NurPhoto, S. 72/73 Look/Hendrik Holler, S. 73 G/Edward Duckitt, S. 74 Look/Michael Boyny, S. 75–78 G/Panoramic Images, S. 79 G/Jan Greune, S. 79 Look/Michael Boyny, S. 80/81 Look/Photononstop, S. 81 G/Jon Arnold Images, S. 82/83 Look/Photononstop, S. 82/83 G/Panoramic Images, S. 84/85 Look/Hendrik Holler, S. 84/85 Look/age fotostock, S. 85 G/HPH Publishing, S. 85 G/Andy Nixon, S. 86 G/Ariadne Van Zandbergen, S. 86 G/Steve & Ann Toon, S. 86/87 G/Hein von Horsten, S. 87 C/Thorsten Milse, S. 87 Look/age fotostock, S. 88/89 M/Alamy, S. 89 C/Ann & Steve Toon, S. 90/91 G/Gallo Images, S. 91 G/Hein von Horsten, S. 91 G/Hein von Horsten, S. 92/93 G/Hougaard Malan, S. 94/95 G/Hein von Horsten, S. 95 C/Garth Stead, S. 95 C/Hoberman Collection, S. 95 C/Ingo Schulz, S. 96/97 C/Piotr Naskrecki, S. 97 G/Denver Hendricks, S. 98 C/Sohns, S. 98 M/Alamy, S. 98/99 C/Martin Harvey, S. 98/99 M/Alamy, S. 100/101 C/Martin Harvey, S. 102/103 C/Sami Sarkis, S. 103 Look/Jan Greune, S. 104/105 M/Reinhard Dirscherl, S. 105 M/Alamy, S. 106/107 G/Steve Corner, S. 107 C/Onne van der Wal, S. 108/109 G/Peter Chadwick, S. 109 G/Peter Chadwick, S. 109 G/Roger De La Harpe, S. 110/111 G/Christian Heinrich, S. 111 M/Alamy, S. 112 C/Axiom Photographic, S. 112 G/Roger De La Harpe, S. 112/113 C/Jon Hicks, S. 112/113 M/Africa Media Online, S. 114/119 M/Michael Müller, S. 115–118 M/Michael Müller, S. 119 Look/Jan Greune, S. 120/121 M/Michael Müller, S. 121 M/Africa Media Online, S. 122/123 G/M-Net Local Productions, S. 123 G/John Bryant, S. 123 G/Ariadne Van Zandbergen, S. 123 G/Christopher Allan, S. 123 G/Roger De La Harpe, S. 124/125 G/Homebrew Films Company, S. 125 M/Africa Media Online, S. 126/127 G/Allan Baxter, S. 127 Look/travelstock44, S. 128/129 G/Roger De La Harpe, S. 129 G/Andy Nixon, S. 130/131 G/Gallo Images, S. 132/133 M/Prisma, S. 132/133 M/Alamy, S. 133 C/Horst Klemm, S. 133 M/Africa Media Online, S. 134/135 G/Neil Overy, S. 135 C/James Hager, S. 136/137 G/Dewald Kirsten, S. 137 C/Horst Klemm, S. 138/139 G/Heinrich van den Berg, S. 139 Look/age fotostock, S. 140/141 A/James Osmond, S. 141 G/Mark Hannaford, S. 142/143 M/Alamy, S. 143 G/Nigel Dennis, S. 144/145 G/Peter Chadwick, S. 146/147 C/Franziska Ritter, S. 147 G/Heinrich van den Berg, S. 147 G/HPH Image Library, S. 147 G/Kim Walker, S. 147 G/Roger De La Harpe, S. 148/149 G/Peter Chadwick, S. 150/151 G/Allan Baxter, S. 151 C/Ian Trower, S. 152/153 G/Homebrew Films Company, S. 153 G/Rainer Schimpf, S. 154/159 C/Ann & Steve Toon, S. 155–158 G/Jan Greune, S. 159 G/Nigel J Dennis, S. 159 G/Lonely Planet, S. 159 Look/ Rolf Frei, S. 159 C/Ann & Steve Toon, S. 159 C/Mario Moreno, S. 159 Look/age fotostock, S. 160/161 G/J Dennis Nigel, S. 161 G/George Brits, S. 161 C/Steve & Ann Toon, S. 161 C/James Hager, S. 161 C/James Hager, S. 161 C/James Hager, S. 161 C/James Hager, S. 162/163 Look/Rolf Frei, S. 163 Look/age fotostock, S. 164/165 G/Ariadne Van Zandbergen, S. 165 G/Ariadne Van Zandbergen, S. 165 G/Ariadne Van Zandbergen, S. 165 C/Luciano Candisani, S. 166/167 C/Hoberman Collection, S. 168 G/Richard I'Anson, S. 168/169 G/Hein von Horsten, S. 168/169 G/Panoramic Images, S. 170/171 G/Emil Von Maltitz, S. 171 C/Jon Hicks, S. 172 C/Roger De La Harpe, S. 172/173 G/Per-Anders Pettersson, S. 173 C/Great Stock, S. 173 C/Roger De La Harpe, S. 174/175 M/Dirk Bleyer, S. 176/177 G/Panoramic Images, S. 177 G/Roger De La Harpe, S. 178/179 G/Rainer Schimpf, S. 180/181 C/Keren Su, S. 181 C/Image Source, S. 182/183 G/Peter Chadwick, S. 183 G/Peter Chadwick, S. 183 G/Peter Chadwick, S. 184/185 C/Piotr Naskrecki, S. 186/187 C/Horst Klemm, S. 187 G/Media 24 PTY LTD, S. 188/189 G/Heinrich van den Berg, S. 189 C/Piotr Naskrecki, S. 190/191 C/Frans Lanting, S. 192/193 M/Dirk Bleyer, S. 193 C/Great Stock, S. 193 M/Heidi Frv∂hlich, S. 194/199 G/Anthony Grote, S. 195–198 M/Alamy, S. 199 C/Heinrich van den Berg, S. 200/201 G/Guenter Fischer, S. 201 G/Lanz von Horsten, S. 201 G/Lanz von Horsten, S. 201 G/Rodger Shagam, S. 201 G/Ariadne Van Zandbergen, S. 201 G/Ariadne Van Zandbergen, S. 201 G/Ariadne Van Zandbergen, S. 201 C/Piotr Naskrecki, S. 201 G/Michael & Patricia Fogden, S. 201 G/Tim Jackson, S. 202/203 C/Theo Allofs, S. 204/205 C/Piotr Naskrecki, S. 205 G/Ariadne Van Zandbergen, S. 205 C/Piotr Naskrecki, S. 206/207 M/Dirk Bleyer, S. 207 G/Heinrich van den Berg, S. 208/209 G/Hougaard Malan, S. 210/215 Look/Franz Marc Frei, S. 211–214 C/Richard Du Toit, S. 215 G/Roger De La Harpe, S. 216/217 Look/age fotostock, S. 218/219 G/Michael Lewis, S. 219 C/Fotofeeling, S. 220/221 G/Satellite Aerial Images, S. 222/223 G/Hein von Horsten, S. 223 G/Pascale Beroujon, S. 223 G/Frans Lemmens, S. 224/225 C/Herve Collart, S. 225 C/Herve Collart, S. 225 C/Herve Collart, S. 226/227 G/BFG Images, S. 228/229 M/ Florian Kopp, S. 229 M / Josef Puchinger, S. 230/231 C/Hoberman Collection, S. 231 M/Westend61, S. 231 M / Peter Schickert, S. 232/233 M/Alamy, S. 233 G/Jacques Marais, S. 233 G/Shaen Adey, S. 234/239 G/THEGIFT777, S. 235–238 G/THEGIFT777, S. 239 G/THEGIFT777, S. 240/241 G/Lonely Planet Images, S. 241 G/Dave Hamman, S. 241 G/Lonely Planet Images, S. 241 C/Ian Trower, S. 241 G/Frans Lemmens, S. 242/243 C/Ian Trower, S. 243 C/Hulton-Deutsch Collection, S. 243 C/Bettmann, S. 244/245 C/Per-Anders Pettersson, S. 246/247 G/THEGIFT777, S. 247 G/THEGIFT777, S. 248/249 G/Jackson-Moss Photography, S. 249 G/John Borthwick, S. 250/251 C/Graham De Lacy, S. 251 C/Fred de Noyelle, S. 252/253 Look/age fotostock, S. 253 C/Stefano Amantini, S. 253 C/Stefano Amantini, S. 254 G/Nature photographer, S. 254 C/Jon Hicks, S. 254 C/Paul Souders, S. 254/255 C/Doroszewicz & Clausen, S. 254/255 G/Eric Nathan, S. 256/257 C/Per-Anders Pettersson, S. 257 G/Hein von Horsten, S. 258/259 M/Africa Media Online, S. 258/259 M/Africa Media Online, S. 259 M/Alamy, S. 260/261 G/Paul Bruins Photography, S. 261 G/Panoramic Images, S. 262/263 G/Morgan Trimble, S. 264/265 G/Ariadne Van Zandbergen, S. 265 G/Ariadne Van Zandbergen, S. 265 G/Ariadne Van Zandbergen, S. 266/267 C/Horst Klemm, S. 268/269 Look/Photononstop, S. 269 G/Walter Bibikow, S. 269 Look/age fotostock, S. 269 Look/Photononstop, S. 270/271 G/Heinrch van den Berg, S. 271 G/Paul Bruins Photography, S. 271 G/Hougaard Malan, S. 272/273 G/Hougaard Malan, S. 274/275 C/Andy Rouse, S. 275 M/Alamy, S. 276/277 C/Richard Du Toit, S. 277 G/Andy Nixon, S. 278/279 G/Glowimages, S. 279 G/Glowimages, S. 279 G/Glowimages, S. 279 M/ Bernd Rohrschneider, S. 279 M/ Bernd Rohrschneider, S. 280/281 C/Richard Du Troit, S. 282/283 C/Ann & Steve Toon, S. 283 G/Gallo Images, S. 284/285 G/Gerald Hinde, S. 285 C/Blaine Harrington III, S. 286/287 C/Strauss/Curtis, S. 287 G/Nigel Dennis, S. 287 G/Nigel Dennis, S. 287 C/jspix, S. 288/289 G/William Davies, S. 289 G/Luis Davilla, S. 290/291 C/Frans Lanting, S. 291 M/Alamy, S. 292/293 G/Panoramic Images, S. 293 G/Panoramic Images, S. 294/295 M/Andrew Forsyth/FLPA, S. 295 Wolfgang Kunth, S. 296/297 C/Suzi Eszterhas, S. 297 C/Felix Zaska, S. 298/303 G/Heinrich van den Berg, S. 299–302 G/Wim van den Heever, S. 303 G/Christian Heinrich, S. 304/305 G/Cormac McCreesh, S. 305 G/Dori Moreno, S. 306/307 G/Robert C Nunnington, S. 307 G/James Campbell, S. 308/309 C/Horst Klemm, S. 309 Look/Franz Marc Frei, S. 310/311 C/Hoberman Collection, S. 311 Look/age fotostock, S. 311 Look/age fotostock, S. 311 Look/age fotostock, S. 311 Look/Photononstop, S. 311 C/Barry Lewis, S. 312/313 G/Martin Harvey, S. 313 G/Dewald Kirsten, S. 314/315 C/Paul Souders, S. 315 C/Martin Harvey, S. 315 C/Emilie Chaix, S. 316 G/J Dennis Nigel, S. 316 C/Emilie Chaix, S. 316 M/Minden Pictures, S. 316/317 C/Richard Du Toit, S. 317 C/Horst Klemm, S. 318/319 G/Martin Willis, S. 319 G/Hein von Horsten, S. 319 G/Richard I'Anson, S. 319 G/Davor Lovincic, S. 319 G/James Hager, S. 319 G/Roy Toft, S. 320 G/Daryl Balfour, S. 320 G/Martin Willis, S. 320 G/Martin Willis, S. 320 G/Steve & Ann Toon, S. 321 G/Warwick Tarboton, S. 321 G/Warwick Tarboton, S. 321 G/Lonely Planet, S. 321 G/Lonely Planet, S. 322/323 M /Dirk Bleyer, S. 323 G/Wolfgang Steiner, S. 324/325 G/Hougaard Malan, S. 326/327 M/Alamy, S. 327 C/Horst Klemm, S. 328 G/Dirk Freder, S. 328/329 C/Topic Photo Agency, S. 329 M/A, S. 330/331 G/Martin Harvey, S. 332/333 G/E.A. Janes, S. 333 Look/Franz Marc Frei, S. 334/335 G/Cliff Parnell, S. 336/337 G/THEGIFT777, S. 337 C/Great Stock, S. 338/339 G/Emil Von Maltitz, S. 339 G/Emil Von Maltitz, S. 340 M/Africa Media Online, S. 341 Look/ Marc Frei, S. 341 M/Alamy, S. 342/343 G/Emil Von Maltitz, S. 343 G/Emil Von Maltitz, S. 344/345 G/George Brits, S. 345 G/Emil von Maltitz, S. 346/347 G/Martin Harvey, S. 347 M/Alamy, S. 348/349 G/Emil Von Maltitz, S. 349 M/Africa Media Online, S. 350/351 C/Hoberman Collection, S. 351 M/United Archives, S. 352/353 C/Tim Hauf, S. 353 M/Africa Media Online, S. 354/359 G/Emil Von Maltitz, S. 355–358 G/Emil Von Maltitz, S. 359 Look/The Travel Library, S. 359 Look/The Travel Library, S. 360/361 G/Vincent Grafhorst, S. 361 G/Emil Von Maltitz, S. 362 C/Ed Kashi, S. 362/363 C/Roger De La Harpe, S. 363 C/Roger De La Harpe, S. 363 C/Martin Harvey, S. 364/365 M/Alamy, S. 365 G/Martin Harvey, S. 365 C/Roger De La Harpe, S. 366/367 G/Nigel Dennis, S. 367 M/Alamy, S. 368/369 Look/age fotostock, S. 369 Look/age fotostock, S. 370/371 Look/age fotostock, S. 372/373 C/Richard Du Toit, S. 373 C/Richard Du Toit, S. 373 M/Westend61, S. 374/375 C/Jelger Herder, S. 375 G/Gallo Images, S. 375 G/Peter Chadwick, S. 375 G/George Brits, S. 375 G/Juergen Ritterbach, S. 375 G/Ariadne Van Zandbergen, S. 375 G/Ariadne Van Zandbergen, S. 375 G/Martin Harvey, S. 375 C/Tim Hauf, S. 375 C/Jelger Herder/ Buiten/beeld, S. 375 G/Tier Und Naturfotografie J und C Sohns, S. 376/377 G/Shaen Adey, S. 378 G/Emil Von Maltitz, S. 378 M/Alamy, S. 379 Look/age fotostock, S. 379 M/Alamy, S. 380/381 C/Gerry Ellis, S. 381 G/Roger De La Harpe, S. 382/383 C/Gideon Mendel, S. 384/385 Look/Michael Boyny, S. 385 Look/Michael Boyny, S. 385 Look/Michael Boyny, S. 386/387 G/Uros Ravbar, S. 386/387 M/Alamy, S. 387 G/Uros Ravbar, S. 388/389 M/Ulrich Doering, S. 389 C/Ann & Steve Toon, S. 390/391 A/Ann and Steve Toon, S. 392/393 C/Niels van Gijn, S. 393 C/ Tim Graham Picture Library, S. 393 M/Dirk Bleyer, S. 394/395 M/Alamy, S. 395 C/Anna Peisl, S. 396/397 G/Jacques Marais, S. 397 G/Joe Alblas.

© 2016 Kunth Verlag GmbH & Co. KG, München
Königinstr. 11
80539 München
Tel. +49 89 45 80 20-0
Fax +49 89 45 80 20-21
www.kunth-verlag.de
info@kunth-verlag.de

Printed in Slovakia

Text: Daniela Schetar

Alle Rechte vorbehalten. Reproduktionen, Speicherung in Datenverarbeitungsanlagen, Wiedergabe auf elektronischen, fotomechanischen oder ähnlichen Wegen nur mit der ausdrücklichen Genehmigung des Copyrightinhabers.

Alle Fakten wurden nach bestem Wissen und Gewissen mit der größtmöglichen Sorgfalt recherchiert. Redaktion und Verlag können jedoch für die absolute Richtigkeit und Vollständigkeit der Angaben keine Gewähr leisten. Der Verlag ist für alle Hinweise und Verbesserungsvorschläge jederzeit dankbar.